广州市儿童活动中心校外活动经验荟萃
小主人论坛品牌活动十六年的成果展示

小主人论坛品牌活动的探索与研究

主编：陈小雄

中国出版集团
世界图书出版公司

图书在版编目（CIP）数据

小主人论坛品牌活动的探索与研究 / 陈小雄主编
. -- 广州：世界图书出版广东有限公司，2016.11
　ISBN 978-7-5192-2170-6

　　Ⅰ．①小…　Ⅱ．①陈…　Ⅲ．①中小学－德育工作－研
究　Ⅳ．①G631

　中国版本图书馆CIP数据核字（2016）第285619号

小主人论坛品牌活动的探索与研究

XIAO ZHUREN LUNTAN PINPAI HUODONG DE TANSUO YU YANJIU

主　　编：陈小雄
策划编辑：陈名港
责任编辑：华　进
责任技编：刘上锦
出版发行：世界图书出版广东有限公司
地　　址：广州市海珠区新港西路大江冲25号
邮　　编：510300
电　　话：（020）34203432
网　　址：http://www.gdst.com.cn
邮　　箱：E-mail:pub@gdst.com.cn
经　　销：新华书店
印　　刷：佛山市华禹彩印有限公司
版　　次：2016年12月第1版　2016年12月第1次印刷
开　　本：787mm×1092mm　1/16
字　　数：200千字
印　　张：13
书　　号：ISBN 978-7-5192-2170-6
定　　价：38.00元

广州市儿童活动中心品牌教育活动成果丛书

编委会

主 任
古 方

副主任
严兰云

彭桑子

编委会成员 （按姓氏笔画排序）

韦 伶　吴维娟　陈英伟　陈小雄　周志坚　郑 瑛

饶海萍　陶 慧　梁 平　梁慕枝　路 宁　蔡 茵

倾听孩子心声 探索素质教育

古 方

小主人论坛活动已走过了十六个年头，从呱呱坠地到牙牙学语，从姗姗学步到健康成长，恰同学少年，风华正茂。

这本书是广州市儿童活动中心校外教育系列丛书的第二本，是小主人论坛品牌活动十六年的研究展示，也是继"羊城小市长"二十年活动策划与实践之后的校外教育活动的又一重大成果。

广州是我国改革开放的前沿阵地，是祖国的"南大门"。"中心"人正是在改革开放的背景下不断探索校外教育理念，用创新思维去研究少年儿童的素质教育。对孩子们的德育教育离不开学校教育、家庭教育，更离不开社会教育、文明教育、素质教育、社会主义核心价值观教育等等。回归到我们的校外教育阵地，最适合少年儿童的就是素质教育的体验，让孩子们在体验中提高，在体验中成长。而小主人论坛正是对小公民进行道德教育的好舞台：通过主题的策划、内容的提炼、语言的撞击、思维的对碰产生火花、产生认知、产生理解……

本书的主编陈小雄老师是一位"老校外"，近三十年校外教育活动的理论与实践，为"中心"积累了丰富的经验。他从策划活动方案、组织学生参与、到最后活动的实施主持，都是那样认真投入。"中心"许许多多的比赛、活动都是由他来主持，他机智灵活、幽默风趣的主持风格被誉为"中心"的"金牌主持"。

小主人论坛活动自 2000 年开始已成功举办了二十八期。由于我们设计的论坛主题既贴近儿童生活，又具时代气息，让老师家长放心，又让孩子们有话可说。比如：儿童的权利与保护、沟通从心灵开始、父母下岗后你是如何对待的、快乐暑假大家谈、小学生需要怎样的财商教育……小主人论坛精彩的活动在社会上、在学校里、在家长和孩子们心中都留下了深刻的印象和难忘的回忆。

十六年的追寻、十六年的坚持、十六年的研究、十六年的成果。广州市儿童活动中心校外教育丛书的出版都离不开"中心"人团结协作、勇于开拓、积极探索、努力奋斗的精神。我相信，通过一大批"中心"人的刻苦钻研、开拓进取，广州市儿童活动中心校外教育事业必将获得更加丰硕的成果。

（作者系广州市儿童活动中心党支部书记、主任）

推行素质教育的领跑者

司马春秋

十六个年头，当初从小主人论坛走出去的小伙伴，一转眼，现在已经可以带着自己的小孩重回论坛了，多么让人艳羡，让人欣喜！

进入二十一世纪，社会文明进入了一个新的高度，科技一日千里，各种社会现象剧烈变化、融合交织，哪怕是刚刚进入中年的人群，都会觉得面对新生事物力不从心，如何引导教育下一代成为难题。广州市儿童活动中心校外教育系列丛书有如一抹春风，促动着青春的萌芽，给青少年教育带来了启迪。

小主人论坛可以走过十六个年头，绝对不是偶然的，着实值得点赞。坚持把一件事做好、做彻底已经实属不易，十六年坚持不懈地做好同一件事更是难能可贵。更加希望"中心"在未来的日子继续探索与研究，开拓与进取，期待继续走过下一个十六年。

父母们面对激烈的竞争，在竞争中生存、发展已经筋疲力尽，对青少年的教育普遍缺失，将儿女交给学校成了大多数人的选择。面对现状，也许我们无法责备这些无法尽责的父母，但是我们必须为小孩找到出路。广州市儿童活动中心正是在这种社会背景之下承担起责任，小主人论坛为孩子们提供了舞台，陈小雄老师更加是不遗余力，为不应该有的缺失提供了很好的补足。包括本人在内的众多社会人士也是在陈老师的感召下参与其中，透过各种各样有趣的活动，不但给孩子们带来影响，同时也让我们得到裨益。这种校外活动，孩子们需要，家长需要，社会也需要，如何推广、发扬，值得探索和研究。

期待广州市儿童活动中心再接再厉，勇当推行素质教育的领跑者，组织安排更多小主人论坛一类的活动。对当代少年儿童的教育进行更加深入的研究和实践，探索出一条适合现代少儿教育的道路，创新更多校外教育活动的品牌。希望校外教育系列丛书得到社会的认可和欢迎，为教育界和家长们提供有益的帮助。

（作者系民革广州市委常委、广州市政协常委、著名时事评论员、资深律师）

前　言

2000年的广州市儿童活动中心已经对外开放了十三年，在校外教育阵地上已经具有一定的号召力和影响力。但是，当时的"中心"面临两个困境：一是当时的开放游艺设施如何回到活动和培训上的转型；二是从"下海潮"的弯路中如何扭转局面，走上正轨。后来"中心"明确以活动促培训，以活动促活力，于是在有关专家的建议下于2000年4月开创了小主人论坛的活动品牌。

小主人论坛活动以不定期的方式，从2000年到2015年共举办了二十八期活动。从主题的制定、活动的策划、学生的组织、新闻的宣传等都体现了"一切为了孩子"的儿童优先原则。因而，十六年来活动得以持久发展，活动的效应持续提升，小主人论坛的舞台不断扩大——走出城区、走进民办学校、走进乡村。

风华正茂的小主人论坛十六岁了，是该到了总结一下的时候了。笔者见证了论坛的成长、扩大和发展，参与了活动的设计、组织和实施。从策划、选题、方案、组织到最后活动的主持，都凝结了笔者的一番心血。

笔者不才，也只好硬着头皮接下主编这本书的艰巨任务。因为这是校外教育事业的一个空白点，需要有人去研究、去探索、去开拓、去总结。同时这个也是广州市儿童活动中心校外教育活动的经验荟萃，尽管辛苦和劳累，笔者也愿意做这只"白老鼠"。

本书的编写尽管还有些不太成熟，但它是"中心"这么多年素质教育基地的体验和总结，是"中心"校外教育的研究成果，更是一位在校外教育战线工作近三十年的老教师的实践经验。同时，也是"中心"人向社会交出的一份创设校外教育品牌活动的答卷。

本书的出版是一份理论研究成果展示，希望从事校内教育的老师、校外教育的同行、社会各界的专家，为了下一代的健康成长，多提宝贵意见，拜托啦！

在社会各界的关怀下，在教育部门的呵护下，少年时代的小主人论坛正向着青年期进发。我们勇于探索、积极进取、努力创新、团结奋斗，期待下一个更加精彩的十六年。

培育下一代，携手创未来！

陈小雄

目录
CONTENTS

探索篇

EXPLORATION ARTICLES

陈小雄

少年时代是美好人生的开端，远大理想在这时孕育，高尚的情操在这时萌生，良好的习惯在这时养成，生命的辉煌在这时奠基。"少年智则国智，少年强则国强。"少年儿童是祖国的花朵，民族的希望。关注少年儿童快乐健康成长，是我们校外教育工作者的任务和职责。

广州市儿童活动中心自 2000 年 4 月 15 日到 2015 年 12 月（本书截稿至 2015 年底）共成功举办了二十八期小主人论坛活动。经过儿童活动中心十六年的精心培育和创新发展，小主人论坛已经成为广州市儿童活动中心继"羊城小市长"金牌活动后又一个校外教育品牌活动，深受孩子、家长、教师的欢迎和支持。

作为校外教育阵地的广州市儿童活动中心以"一切为了孩子"为发展原则，让"中心"成为少年儿童素质体验的基地。小主人论坛正是为孩子创设的让他们发表意见和建议的平台，为他们提供对广州时政、城建、交通、治安、教育、环保等等发表议论、观点和"吐槽"的机会，同时也是广大少年儿童关注民生、关心社会和亲子充分交流的舞台。这个平台，也为家长、教师、社会了解孩子需求，倾听孩子心声提供了机会。同时小主人论坛也是对中小学生进行社会主义核心价值观教育，对小公民进行思想道德教育的重要阵地。

回顾十六年的实践与奋斗，很有必要对小主人论坛活动进行探索、研究、思考和总结，尤其值得对论坛的诞生、发展、壮大进行认真深入地分析、探讨。通过研讨和总结，让活动精彩不断，让活动发扬光大。

一、阵地转型　论坛起因

2000 年的广州市儿童活动中心已经对外开放十三年了，在社会上也具备了一定的号召力和影响力。笔者 1987 年来到这里，是看着"中心"长大的。"中心"在那段"工农兵学商"的特殊时期也确实走了一段弯路，在"下海潮"中出租了很多场地，在市民心中产生了一些负面影响，一定程度上丧失了校外教育阵地的"话语权"。

后来，经过整顿，"中心"逐渐收回了"主权"阵地。当时的情况是面临三个转型：一是如何让"中心"在游艺开放中转为培训学生为主；二是如何在"下海潮"经营中转为常规发展；三是"儿童活动中心"怎样在"活动"中腾飞，再次赢得市民的口碑。最后，领导班子终于定下调子：以活动促培训，以活动促发展。

2000年，正值"千禧年"，人们都在思考，如何用新的面貌迎接新千年。当时，"中心"已举办了两期"羊城小市长"评选活动，但是影响力还不大，效果还不明显。于是，"中心"负责人邀请教育局的领导、专家、老师进行研讨，在充分听取各方意见后，一致决定开办广州市唯一的、具有少年儿童特色的小主人论坛活动。

当年已经有专家提出推行素质教育，而作为校外教育阵地的广州市儿童活动中心正是符合这方面的要求。综合各方面讨论和研究以及当时的形势，笔者尽可能还原举办小主人论坛的起因，以期引起大家的兴趣和重视。

小主人论坛的创设是基于以下几点来考量的：

1. 为我市广大少年儿童打造一个关心社会、关注民生、关爱他人、当家做主、提高素质、锻炼自我、大胆参与、各抒己见的场所。

2. 让所有关心少年儿童健康成长的党政干部、社会名流、教育专家、老师家长等等有一个与孩子平等对话的空间。

3. 开启一个倾听的渠道，我们成人应该放下架子，蹲下身子，近距离地去听听孩子们的心声。

4. 为孩子们创设一个形式活泼、主题健康、气氛热烈、互动交流、实话实说的平台。

以上这些，正好符合广州市儿童活动中心成为素质教育体验基地的目标，也是校外教育阵地应该承载的社会责任，同时也是对小公民进行道德教育的一个机会，这是一种担当，一种承诺。十六年来，我们一直以这几点作为基础，团结努力，认真钻研，不断探索，把小主人论坛打造成为又一个知名的活动品牌。

小主人论坛不是夸夸其谈，不是漫无目的，是有思想的论坛，是有创新的论坛，是有深度的论坛，是能够引发和锻炼我们思维能力、分析能力、判断能力和表达能力的一个论坛。

如果说一至三期小主人论坛还有教育部门扶一把的痕迹，那么，从第四期起，我们的策划、组织、选题、操作等等已经慢慢走向社会，走向市场。我们打破行政管理的框框和界限，在社会各方面寻找合作者，邀请有关专家加入，邀请知名人士参加。通过我们用心的设计和不懈的努力，小主人论坛开始引起媒体的注意和社会的关注，这也是儿童活动中心一次成功的转型。

二、创新观念　设计主题

大家都知道，一场战役，"三军未动，粮草先行"。而我们的小主人论坛往往也是活动未开始，就需要先研究这期活动的主题，即本期活动让大家讨论什么？小孩子能够说什么？小学生怎样才能有话可说？

我们常说：一切为了孩子，为了孩子的一切！但怎样才是从儿童出发，真真正正为了孩子？我们时常为设计论坛主题，想到头大、头疼、头晕。

笔者认识一位朋友，她告诉我，她看到女儿(五岁正在上幼儿园)的一张绘画作品，题目是《陪妈妈逛街》，可是在画中既没有高楼大厦，也没有车水马龙，更没有琳琅满目的商品，有的只是数不清的大人们的腿……

原来，五岁的孩子身高只能达到大人的腰部，走在大街上，川流不息的人群将孩子遮掩着，孩子除了能看到大人们的腿，还能看到什么呢？

是啊，孩子们上街看不到高楼大厦和车水马龙，只见大人们的腿，这是由他们的身高决定的；学生对很多问题疑惑不解，这是由他们的年龄、智力和见识决定的；企业的员工看到的只是自己的工资待遇和发展前途，而不是公司整体运行和未来发展，这是由他们所处的位置和环境决定的……

并不是每个孩子都能和大人一样有相同的视角来看待社会；并不是每个学生都能和老师一样有相同的认知能力和接受能力；并不是每个员工都能和老板一样站在

全局看待问题、分析问题、处理问题……

小主人论坛主题的设计从这个鲜活的事例中得到很深很深的启发。社会在不断发展，人的思想也在不断变化。在改革开放、观念更新的时代背景下，在对未成年人进行思想道德教育过程中，如何寻找少年儿童感兴趣，贴近他们生活，又有教育意义的主题？这的确颇费心思。

创新是一个民族进步的灵魂，是一个国家兴旺发达的不竭动力；创新是教育改革的方向，也是我们校外教育不断发展的推动器。因此，我们不断地把创新思维、创新理念引入到活动主题的设计中去。

每次在小主人论坛主题制定前，我们的团队都会广泛收集资料，查阅最近的社会热点信息，上网收集有关教育的素材。发动群众，请教专家，与有关老师讨论，找一些大孩子咨询意见。不是自夸，我们最后敲定并实施的活动主题，有社会热点，有时代气息，有儿童需要，有教育需求，接地气，大众化，因而受到大家的好评。

比如，2002年4月，我们举办第四期小主人论坛活动——父母下岗了你怎么办？当时，有人认为广州是改革开放的前沿阵地，经济较为发达，选择职业的机会较多，下岗不应成为一个问题。但实际情况是随着经济转型，广州也有许多下岗工人，尤其存在于中低收入这个群体里。我们根据社会现状和实际情况设计出的这个话题，在孩子们的内心立刻引起很大震动。在讨论过程中，孩子们纷纷表示要多关心下了岗的爸爸、妈妈，自己也要尽快懂事和成长，在家里多做家务，为家长分忧。这一期论坛结束后，《岭南少年报》用整版的篇幅进行报道，该报道文章还获得了2002年度广州新闻评选三等奖。

我们在设计论坛主题时经常运用创新思维、创新理念，结合时代要求和社会形势，这在第二十七期小主人论坛中也发挥得淋漓尽致。当时媒体报道，2015年9月开学起，广州将要在三十六所中小学校里开设财商课程。看到这个消息，我们的策划团队马上"眉头一皱，计上心头"。作为改革开放前沿阵地的广州，很有必要在学生中提前开展有关商业、财经的教育。于是，我们联络好《羊城晚报》写这篇文章的记者，邀请她现场进行发言和点评。2015 年 9 月 26 日，第二十七期小主人论坛——小学生需要怎样的财商教育？踏着时代的节拍火速登场。

主持人以"钱是从哪里来的？"为头炮进行发问，立即引起大家的兴趣和关注。孩子们积极参与、大胆举手、踊跃发言、各抒己见。第二天的新闻报道马上引起轰动，各个媒体纷纷点赞，好评如潮。现场应邀参加总结的一位老教育工作者也为此点赞。他说，自己这么多年的教育工作经历中，参加了很多少年儿童的活动，却是第一次

参加今天这样的主题活动，活动主题充满时代气息，跟上时代节奏，所以就会引起大家的共鸣。

我们的活动团队在每期论坛开始之前，不但研究制定论坛的主题，还需要根据实际情况设计出若干个小问题。别小看这些小问题，它正是发生在孩子们身边的熟悉的一些"场景"、一些事例，因而容易引导他们在现场有话直接说，有话大胆说。所以，我们的小主人论坛才不会乏味、不会古板、不会空洞、不会枯燥。

三、大胆发言　发表意见

表达能力是指运用语言、文字阐明自己的观点、意见或抒发思想、感情的能力。它包括口头表达能力、文字表达能力、数字表达能力、图示表达能力等几种形式。而在小主人论坛活动里主要针对口头表达能力，通过讨论提升表达能力，启发同学

们更好地表达意思。

关于表达能力，一般会分为三种层次水平，少年儿童也不例外。第一种，口齿伶俐、思维活跃、善于表达；第二种，中规中矩、反应一般、表达尚可；第三种，胆小内向、人云亦云、不善辞令。所以，我们有针对性地对第二种层次水平的孩子进行发掘，去提高他们的兴趣和参与的能力；在对第三种层次水平的孩子多点引导，多点关心，多点照顾，为他们争取和创造更多的发言机会。

有些同学由于语言的表达组织能力还不够，容易产生自卑心理，平时上课都不敢举手发言，来到这么多人的论坛更不敢讲话。在活动过程中，很容易会发现那些闪闪缩缩的同学，那些犹犹豫豫的学生。于是，主持人会专门请他们做代表发言，让他们知道，积极发言从提升自信心开始，鼓励他们勇于参与，表现自己。后来，有些同学还争取到好几次发言的机会呢。

小主人论坛活动的初衷就是激励小学生大胆投入，积极参与，踊跃发言。主持人在活动过程中设计的举手发言的做法，就是让孩子们得到更多提出问题的机会，施展他们的答辩才能。尽管孩子们的发言有时显得幼稚和单纯，但是那些"童言无忌"的词句正是他们发自内心的真实想法、经验和体会，在孩子们的童真面前更反衬出成年人所谓的成熟是多么苍白、无力。

比如，2007年暑假前夕，我们组织了一期小主人论坛活动，主题是：快乐暑假大家谈。首先，我们有一个美好愿望，暑假对于孩子们来说应该是开心的、快乐的。但现场进行的调查却令我们大跌眼镜，不少同学觉得暑假并不快乐，原因当然有很多，但最主要的理由是家长让其参加各种补习班。在本期论坛中孩子们还互相提出一些从他们的角度去思考的观点和问题：一些大孩子说暑期不需要父母陪同，上网、看电视等自己有自控能力和约束能力。暑假上不上"班"谁说了算？一个人的暑假

会孤独吗？我的暑假我做主……当然，还有不少同学表示，他们的暑假是快乐的。他们会利用假期去旅游、去交友、去放松，在玩中学习，在假期中得到了锻炼，回来后还写出好作文呢。

只有让同学们在论坛里大胆地发言，尽情地发表意见，我们才能真正听到他们的心声和真实想法，才能为老师、家长反馈孩子们的意见，为今后更好地沟通、理解、引导提供很好的帮助。

小主人论坛不仅让孩子们充分发表意见，还培养了小学生们爱思考的习惯，关心社会事，关心身边人，关注环保，关注民生。据一些老师和家长反映，平时有些不够大胆举手发言的同学，通过小主人论坛活动学会勇敢地举手发言，也开始学会思考问题、自己动手解决问题。此外论坛活动还培养了孩子们的语言组织、口头表达能力，还提高了沟通能力和思辨能力。

四、积极参与 倾听心声

儿童教育是人生的基础教育，儿童教育的真精神是激发和开发儿童的天赋和潜力，引导儿童向真、向善、向美，让他们拥有完善的人格和美好的人生。

校外教育的优势是活动育人，校外教育的基本理念是参与。"参与"是指让儿童作为教育的主体主动积极地加入，并且对事情的过程和结果有影响力，从而使他们认同并愿意为之做贡献，这就是教育活动的本质和真谛。

促进儿童参与不仅是儿童发展的需要，也是培养社会人才、公民意识、道德品行的需要。儿童参与包括发表意见、表达观点、被倾听、被接纳和做决定。

《儿童权利公约》中关于儿童参与权的主要条款是第12条和第13条，即儿童有权利对影响儿童的一切事项自由发表自己的意见。另外，儿童的声音之所以重要，是因为没有人能比儿童自己更了解自己的活动、处境、感受和情感。

"儿童参与式活动"是新时期校外教育活动的创新理念。而我们的小主人论坛正是一个很好的参与平台。在这里，每一位学生都是参与者，都是体验者，都是实践者；在这里，有教无类，一视同仁，每一位孩子都可以举手，都可以发言，都可以发表自己的见解。

在小主人论坛活动中融入"儿童参与活动"的理念，使同学们变参加活动为参与活动。虽然是一字之差，但却有天壤之别。"参加"是随意的、表面的、被动的；"参与"是主动的、投入的、积极的。只有让儿童真正参与到活动的各个环节，才能引起他们的兴趣，才能最大限度地调动孩子们的主观能动性，同时，也锻炼了他们自理、自护、自学、自强的综合素质。

从普通的参加活动到热情地参与其中，如何带领孩子们在活动的体验中，在论坛的讨论中说出自己的真实想法和感受，这的确考验组织者的智慧和能力。

在小主人论坛里，我们大人最好做一个倾听者，用心倾听孩子们的想法、意见、建议、观点、心声和需求。通过倾听，我们就可以更好地把握他们的状况，根据孩子们的需求去调整我们的思路，调整我们的计划和服务。通过倾听，也为学校老师和家长提供一个互相沟通、相互理解的通道。

静静地听是对讲话人的一种尊重，是对发言人的一种支持，是对孩子们的一种鼓励。他们的语言被倾听，他们的建议被接纳，他们的参与被肯定，这就为他们做决定打下良好的基础。同时，也是我们的主题论坛活动有号召力、有吸引力和受欢迎的关键所在。

我们在倾听过程中发现孩子们的发言直白、直接、直爽、直率，他们不会掩饰、不会客套、不会刻意、不会拐弯。或许他们的思维有些幼稚，语言有些简单，观点不够成熟，但这些意见和建议都是那样真实、真心、真情、真诚，是那样自然和接地气。有一句广州话的俚语是这样说的："宁欺白须公、莫欺鼻涕虫。"就是告诫我们不要小瞧了儿童的能力和本事，不要因为孩子年纪小就去欺负他。

通过学生们的积极参与，大人们的耐心倾听，**小主人论坛里还形成了良好的互动氛围**：孩子与社会之间的互动、孩子与老师之间的互动、孩子与家长之间的互动、孩子与孩子之间的互动；老师与社会之间的互动、老师与家长之间的互动、老师与机构之间的互动；家长与社会之间的互动、家长与专家之间的互动、家长与家长之间的互动。

五、广泛沟通　互相理解

我们知道，很多家庭都或多或少存在教育的困惑，这里很大原因都是沟通出现了问题。如何在论坛中为家长和孩子们提供沟通的桥梁和机会，的确值得我们去思考、去探索、去实践。

每期小主人论坛活动，我们既在大的主题内容上进行创新设计，又在小问题设置上列举一些少年儿童在日常学习生活中经常会发生的现象，让小学生自己去点评、去分析、去判断、去讨论。有的论坛我们还采取辩论会的形式，选出两所学校代表正方反方，正反双方激烈辩论，唇枪舌剑，无论同意还是反对，大家都各抒己见，言之有物，言之有理。正所谓：真理不辩不明。

小主人论坛正是通过新颖的形式，新鲜的主题，新奇的组合，让成人与儿童的冲突和矛盾在这个平台上得到广泛沟通，达到互相理解的目的。这时会场气氛紧张热烈，台上台下融洽交流，慢慢形成一种新的校内校外相互融洽的教育模式，达到我们所需要的社会效果。

2007年，记得当时某电信公司有一句广告词：沟通从心开始。我们的团队觉得这句话用得很妙，简单、明了、中肯。于是就决定"拿来主义"，只是增加了一个字，变成了我们论坛的主题。

第八期小主人论坛主题：沟通从心灵开始。我们先让同学们回答，什么是沟通？让他们知道沟通就是信息（情感、观点、事件等等）的流通和传递。小学生由于认知能力还较弱，他们也有不少因为沟通不畅出现的矛盾和烦恼：与兄弟姐妹、与学校同学、与老师、与家长、与朋友之间等等。在论坛现场，既可以让孩子们学到沟通的方法和技巧，也可以和家长、老师面对面地互相沟通，使同学们心理得到调适，矛盾得到舒缓。

第二十期小主人论坛主题——"小悦悦事件"给我们的启示。当时，此事件在社会上引起很大的震动。面对一个在马路上摔倒的人，第一时间你想到的是什么？是扶还是不扶？上去扶了自己又不是专业人员，会不会产生对自己不好的影响？万一被人讹诈怎么办？不扶吧，自己的良心过不过得去？经过现场的思想碰撞和互相沟通，通过专家和专业人士的解释、建议，大家都为找到一个合适、合情、合理的做法达成共识。有些同学还说，即使自己吃亏，也会坚持做好事不后悔。

在论坛中，经常会出现"公说公有理、婆说婆有理"的情况，这很正常。我们不会追求所谓的统一思想，统一认识。我们的论坛就是鼓励孩子们敢讲实话，敢讲真话，在观点阐述、在观念对碰，在认知争论中求同存异，互相尊重，在沟通中相互理解。

每次小主人论坛活动，孩子们当然是小主人，但同时我们也邀请小部分的家长和老师现场参与，让大人们都来听听孩子们的真实想法。

比如，第十三期小主人论坛的主题是：应对考试大家谈。在现场的讨论中，许多孩子自然地说到考试之前，老师和家长对自己期望值过高，考 98分还不满意，非要 100 分，令自己压力增大。孩子们诚恳的发言也让主持人把类似的问题交给家长们来回应，让家长和孩子在同一个平台里说出心里话，一起沟通。有家长在现场马上表态，今后不以分数来衡量孩子的成长，场面很感人，意见很中肯。活动结束后，许多家长找到我们，对我们的活动给予充分的肯定和点赞，还提出了希望：作为校外教育机构，就应该多举办这样的公益性主题教育活动，让孩子们和家长在一起交流、沟通，从而达到互相理解、互相信任的目的。

六、互联网 ✚ 扩大宣传

大家知道，最近几年互联网发展非常迅猛，金融、文化、教育、交通、商业……社会生活的方方面面都受到互联网的冲击，互联网正以几何级数的成长不断挤压着传统产业。如果不更新观念，稍不留神，我们就会落后，我们就会被新科技、互联网所淘汰。

记得很早的时候，领导就经常指示我们：搞活动就要非常重视新闻宣传，活动结束后要做到报纸有文字，电台有声音，电视有影像。今天的传统媒体，尤其是报纸也受到新科技和互联网很大的冲击。

校外教育阵地如何引入"互联网"，如何利用新科技、高科技为我们的阵地服务，为孩子们服务，这的确又是一个"翻天覆地"、"绝对重磅"的大问题，值得研究，值得探讨，值得深思。

十六年来，我们与《现代小学生报》（后来改为《现代中小学生报》）、《岭南少年报》、金羊网、《羊城晚报》学生记者俱乐部等几个单位合作过。论坛得到了以上单位的大力支持和配合，活动结束后他们都能在版面上积极给予宣传报道。

新闻媒体的介入和关注，也证明了我们设计活动主题的新颖别致，有时代的特点，能够吸引眼球，能够引起社会各界共鸣。同时也说明我们活动主题的设计让孩子们感兴趣，让家长认同，也得到老师的支持，这样才能更好地达到主题教育的目标。

虽然如此，我们仍感觉宣传面不够广泛，影响面不够深远。可以讲，小主人论坛第一期至第十九期，无论是发动面、参与的人数到后面的新闻报道，怎么看都有点像"关起门来，自娱自乐、自弹自唱"。我们必须下功夫改变这种情况，想办法突破。

小结前十九期的小主人论坛活动后，有关领导经过深入的调查研究，决定引来了新的合作者，真正属于互联网时代的媒体网站——金羊网。小主人论坛从第二十期起，我们就与"互联网"结下了缘分。我们的活动拓展、新闻宣传、社会影响都发生了很大的飞跃。

每一期活动前夕，金羊网通过 QQ 群、金羊网社区论坛及金羊微博、金羊网新浪和腾讯官方微博对小主人论坛主题活动进行宣传推广、舆论造势以及观众（网友）的组织工作。利用微博互动功能，结合当期主题组织家教专

家或名师为网友答疑解惑。在金羊网教育栏目设置固定的有专人管理的专题栏目，为每期小主人论坛活动提供文字、图片、视频等多方位宣传。

每期小主人论坛活动当日，金羊网派出记者、速记员、摄（像）影师等有关工作人员完成现场采访和视频拍摄工作，并在第一时间在金羊网首页新闻区进行图文报道（视频经过编辑后同日上传至专题页面）。其中，录播播出时间不少于 90 分钟，直播则按实际时长播出。

小主人论坛活动可以看到直播啦！这确实要归功于互联网的发展。全国的网友只要打开金羊网，点击有关栏目，就可以即时看到现场活动，还可以跟现场观众同时互动、交流和提出问题。笔者在现场主持节目，几条摄像枪对着，精神也为之一振，就会拿出最饱满的热情和最佳精神状态投入到论坛活动的主持中去。

从第二十期的小主人论坛开始，我们也同时引入了打字飞快的"速记员"，全程真实地记录领导、嘉宾、主持人、孩子们的发言和他们的讨论。为以后把论坛的整个过程"原汁原味"地呈现给大家打下很好的基础。同时也为"中心"保留了第一手的原始资料，也为本书保存了 9 期的小主人论坛现场版的《实况篇》。

论坛活动结束后，儿童活动中心的网站、微博、微信也紧跟步伐，推出图文并茂的宣传报道，与大家分享论坛活动的过程和收获。

在接下来的活动中，我们除了邀请传统的媒体，还有意识地邀请各个网站的记者现场报道，因为他们"出街"的时间更快。宣传面扩大了，影响面宽广了，关注的人多了，社会效益好了，我们的自豪感也了。辛苦的付出终换得很好的回报。

在以后的论坛中，我们也会利用网站登载邀请函，让有兴趣的家长带着孩子参加小主人论坛活动。我们的论坛大门不断敞开，周六很多带小孩来"中心"上培训课的家长，也"情不自禁"地停下脚步，自觉地参加旁听，为精彩的发言欢呼叫好。

七、邀请专家　深化讨论

校外教育机构策划活动，历来都是非常重视利用外部的力量，利用社会的资源为少年儿童服务。只要你敢想，无论社会上的什么机构，什么单位，什么人物都可以把他们邀请到你的活动中来，充分发挥他们的专业优势，给孩子们更好的专业指导。

小主人论坛从第一期起，每期都会根据主题的需要邀请有关方面的专家作为嘉宾，去点评，去分析，去判断，去总结，为孩子提出一些建议：遇到什么问题，要保持冷静，有什么比较好的措施，比较好的处理办法是什么……

少年儿童受年龄所限，他们的社会阅历、知识层面、思维方式、行为习惯、理解能力、判断分析等等与成年人都存在一定差距。因此，邀请领导嘉宾、专家学者、学校老师参与小主人论坛活动很有必要。专家、学者、嘉宾往往有很强的专业知识和能力，站得高，看得远，可以指导学生思考问题，发表意见。而且，通过论坛活动这个平台，也是对未成年人进行道德教育、行为规范、综合素质培养等的一个很好的引导机会。

在小主人论坛的策划组织实施过程中，我们也积极依靠强大的社会力量，利用一切可以利用的社会资源办好论坛活动。我们邀请过市妇联、市教育局、市文明办的领导，邀请过社会名流、大学教授、教育专家、时事评论员、儿童心理学家、奥运冠军、银行行长、教官、律师、校长、记者、教师……

这些专家、嘉宾可不是一般的观众和听众，我们的团队很好地利用了这块资源。论坛活动中，主持人会根据论坛主题，在关键的时候，关键的节点，请出他们为孩子们作出及时的引导：或普及知识，或名词解释，或专业分析，或权威发布，或精彩点评，或总结发言。通过专家的现场分析、充分研判，论坛的主题得到提炼；热烈的讨论得到深化；活动的意义得到加强；社会的效益得到提升。小主人论坛活动就不会流于形式、流于肤浅、流于空泛、流于平淡。活动结束后，这些专家还会成为同学们、小记者现场追逐采访的"明星"呢。

笔者听说过社会上一些议论，说很多少年儿童的专题活动，主席台坐着的都是大人，孩子们几乎成为了活动"背景板"。这些"吐槽"给了我们一个深刻的提醒：怎样做才是真正的为了孩子？从活动的形式和内容都应该站在孩子的角度去思考，去策划。

所以，在活动座位的设计上有必要在这里拿出来说一说。我们的小主人论坛，真正体现了"一切为了孩子"的理念，体现了"儿童优先"的原则。我们的论坛有一个特点：在举行活动的主席台上不设领导、嘉宾席位。主席台的座位只为小主人而设：可以坐"小市长"、小记者、小嘉宾，各学校的学生代表。领导、嘉宾等大人的座位只安排在舞台的下面，或者坐在观众的两边，就是要让人感受到在这里孩子才是真真正正的主人。

笔者也时常会被邀请参加社会上、学校里的各种少年儿童主题活动。每当坐在主席台上观看活动时真的感觉"如坐针毡"，很不好受：为什么不能安排大人坐在小朋友的中间，和他们一起参与呢？

八、艰难探索 不断前行

什么是探索？探索就是试图发现(隐藏的事物或情况)，多方寻求答案，解决疑问。指研究未知事物的精神，或指对事物进行搜查的行为。探索是艰难的、艰辛的、艰巨的，是要付出的，而且是长期的坚持不懈。

21世纪，中国少年儿童校外教育进入了一个崭新的发展时期。在此大背景下，"中心"不断加强理论研究、深化机制改革、拓展教育内涵、探索活动目标。面对未成年人思想道德建设的新形势，不惧困难、统一思想、确定目标、坚定信念、攻坚克难、不断前行。坚持从实际出发，挖潜能、抓发展、建品牌、创特色，不断探索校外教育新思路，以求转变观念、完善管理、提升质量，从而适应新时期的整体发展，构建校外活动的新格局。

通过主办小主人论坛这样的公益专题活动，十六年的实践，使我们在现代教育背景下的少儿校外主题教育活动的理念得到创新，同时也让我们深深地体会到形成校内、校外教育优势互补的必要，以及达成只有校内、校外教育相结合才能更好地促进儿童健康成长的共识。

十六年的探索，我们觉得，涉及有关儿童的重大事项，要听取儿童代表的意见。而小主人论坛正是开辟了一个能够让孩子们展露心声、发表意见、提出要求的机会和窗口，也让社会、学校和家长听到孩子们的想法和呼声。从这一点来看，为未成年人创造良好的成长环境，不仅是大人们的事情，同样也是孩子们的事情。社会、学校和家长与孩子是相互平等的主体，在涉及孩子们自己的事情上，往往孩子们是最有发言权的，他们的意见也最能击中学校教育和家庭教育之中存在的时弊。

只有大人们为他们创造一个平等而能畅所欲言的表达环境，从孩子们的意见中寻找未成年人成长过程中规律性的东西，并通过深入仔细的研究、探讨，形成社会、学校和家长与孩子们心理沟通与表达上互动的机制。毫无疑问，经孩子们"审定"的教育事项肯定能受到孩子们的欢迎与喜欢。在实施未成年人教育的方法和策略上也才更具针对性和科学性。

今天的孩子们自主意识超过了他们的父辈，他们对社会生活中许多社会问题和现象常常有着自己的看法，在涉及到自身利益的问题上，他们有着自己的想法和要求，可长久以来没有一种制度性的安排让他们有表达的机会，而"决定有关儿童的重大事项，要听取儿童代表意见"，让童心所想、童心所盼、童心所愿能够上通下达，则是从小培养孩子们参政议政能力的一种有益尝试，对培养孩子们主人翁意识也将大有益处。

小主人论坛的大门还在不断敞开。考虑到城区的孩子接受各方面教育的机会很多，而乡村的儿童受教育，尤其是校外教育的机会并不是太多。同时，也为了支持广州（目前，广州白云、番禺、从化、南沙、黄埔、增城、花都建有7个"乡村儿童活动中心"）乡村儿童活动中心的发展，我们特别安排第二十七期、第二十八期小主人论坛在番禺、花都农村举办，在乡村儿童中也引起很大的触动。

小主人论坛走出城区，走进乡村，真真正正体现出"为了一切孩子"的理念。边远乡村的孩子更加需要你的关心，更需要社会的关爱。其实，乡村的儿童智力水平一点也不比城区的孩子差，他们照样在讨论环节中"振振有词"、"唇枪舌剑"。只是，他们平时缺少参与的平台，缺少锻炼的机会，缺少发表意见的舞台。乡村的孩子纷纷表示，通过论坛活动开阔视野、增长知识、充分沟通、收获良多。以后有机会我们还会为其他"乡村儿童活动中心"带去素质教育平等参与的特别机会。

九、善于总结　以利再战

通过这么多年的设计、策划、组织、实施小主人论坛活动，我们有更多的机会接触老师、家长和同学，我们交上了很多学生朋友。通过活动和与学生的交流，我们深深地感受到：孩子们不喜欢那些说教式的指点、程式化的说服、成人化的唠叨、居高临下的教诲……他们的事应该由他们自己做主，大人不要管得太多，要适度放手，我们所做的一切只是服务和引导。

今后的小主人论坛活动，笔者希望在以下几个方面继续重视、努力和加油：

1、抓好团队建设和人才的梯队培养，一流的团队办一流的活动，一流的活动要靠一流的组织。

2、活动品牌的打造要列入工作规划，列入议事日程，尽可能融入高端活动产品平台以及强有力的社会网络，占领儿童校外活动的制高点。

3、如何找准既符合主题教育的要求又适合少年儿童身心成长需求的切入点，这就是需要我们长期研究和探索的攻坚项目。

4、在小主人论坛中，希望"童心、童真、童趣"永远是她的"原生态"，要珍惜、保持。

5、不断扩大社会力量，利用一切可以利用的社会资源更好地为小主人论坛服务。只要敢想，任何部门、任何团体、任何专家都可以邀请他们参与其中。

6、互联网+，怎样才能更好地为我所用，如何更好地利用互联网做大、做强儿童校外教育事业，还需要更多的探讨和资金的支持。

7、能否可以像城市论坛那样，与电视台合作，拍成实况录像，利用网络、电台、电视台等为小主人论坛造势，引起社会更大的关注。

互联网用"连接一切"的方式重构了社会，重构了市场，重构了传播形态。当手机已经成为人们获知信息的"第一媒体"的时候，当"人人都是传播者"的时候，我们的传播领域便发生了深刻而重大的改变。

我们的儿童工作者们，我们的校外教育同行们，是时候好好地研究互联网这匹"狼"了。互联网带给我们的冲击，带给我们的体验，带给我们的收获……这回，真的是"狼"来了。

我们重视少年儿童工作，积极为少年儿童办实事、办好事。不断探索，身体力行，用远大的志向、渊博的知识、高尚的情操引导和教育孩子，当好少年儿童健康成长的引路人。通过学校、家庭、社会三方的共同努力，为少年儿童健康成长撑起一片蓝天。

苏霍姆林斯基说："道德准则，只有当它们被学生自己追求、获得和亲身体验

过的时候，只有当它们变成学生独立的个人信念的时候，才能真正成为学生的精神财富……"德育过程中，教师单纯的"晓之以理"不仅收效甚微，有时甚至让儿童感觉麻木。而校外体验式教育不仅补以"动之以情"，还通过创设情境让学生体验真实或模拟现实的生活，让他们通过对所处环境的感知和理解，产生与环境相联的情感反应，并在价值观念的冲突碰撞中学会选择，从而在亲近自然、融入社会和认识自我的体验中逐渐形成良好的道德行为模式。

广州市儿童活动中心本身就是未成年人思想道德建设的重要场所。固有资源的开发、设计和有效利用是校外教育事业发展的关键。小公民道德教育、社会主义核心价值观教育如何通过我们的阵地去提高，通过我们策划的主题活动去体验，去感受，在讨论中加深认识，在辩论中加深理解，在活动中提升素质，这就是今后要努力的方向。

期待校外教育同行在前行中更加重视研究儿童本位发展需求，发挥实践体验对学习效率提高的价值，发挥生活世界对儿童成长的真实作用；弥补中国当代教育缺失，在健康人格、实践能力、创新精神、社会责任、国际视野等方面给孩子们更加完整的教育。

让我们继续携手，共同努力，继续经营好能够提供儿童综合素质体验的这块阵地。能够让更多的少年儿童参与到这个平台，让他们有更多发表意见和建议的机会，使小主人论坛活动更上一层楼，擦亮"小主人论坛"这个品牌，迎接又一个崭新的十六年的到来。

主持篇
HOST LENGTH

陈小雄

　　笔者自 1987 年 4 月调入校外教育阵地——广州市儿童活动中心（以下简称"中心"）工作至今已近 30 年。每年"中心"都会有 10 多场大大小小的"演出"，如：比赛、活动、联欢、夏令营等由笔者主持。笔者既没有过硬的身体条件，也没有接受过专门的主持训练，但我细心观察、刻苦学习、认真分析、钻研业务、苦练内功、不怕吃亏、善于总结、自学成才。通过多年的努力，笔者主持了各种特色活动超过 300 场，受到领导和同事们的好评，还被誉为"中心"的"金牌主持"。2000 年开始的小主人论坛活动举办了 28 期，大部分也是由笔者去主持的。

　　鉴于市面上很少见到关于如何主持少年儿童活动的文章和书籍，所以，本书也特别撰写了《主持篇》，同时也是为了填补这片空白。通过这个篇章把笔者近 30 年校外教育活动主持的经验、体会、感受、收获与大家分享以及就教于同行方家，希望各位多提批评意见。

一、热身运动　调动情绪

　　笔者认为，每一位主持人都应该弄清楚一个问题：主持与司仪这个概念有什么不同？经有关辞典的查证和表述，司仪：举行典礼或召开大会时报告进行程序的人；主持：活动过程中负责掌握和处理一切的人。归纳如下：司仪只是报幕念稿，而主持不可以照本宣科；司仪应该严肃，主持可以活泼；司仪只可以按议程走，主持却可以灵活掌控；司仪只会一本正经，主持却是谈笑风生；司仪是活动的点缀，主持却应控制全局；司仪只是会议的一个角色，主持却是活动进行的导演。

　　所以，笔者不喜欢司仪的死板，喜欢主持的灵巧；不喜欢司仪的沉静，喜欢主持的活跃；不喜欢司仪的按部就班，喜欢主持的现场把控。尤其是主持人的临场指挥、创新创造、有机连接、承上启下。

　　一般在活动开始前，都会有 10 分钟左右的"空窗"时间。因为台前幕后会作最后的调试准备，接待领导嘉宾的也会有落实情况的反馈时间。这时，笔者就会手拿麦克风走上舞台，先来一段活动前的"热身运动"——进行广州知识有奖问答。台下的小朋友马上就会作出积极响应，他们十分期盼得到回答问题的机会。如果遇到很简单的问题，一片小手就会举起来，争抢着回答问题，场面相当热闹，同学们的情绪也因此调动起来了。

作为广州的少年儿童或是在广州长大的"新广州仔"，既然生活在这块土地，就应了解广州风土人情、岭南文化。广州知识有奖问答也分符合儿童认知外界的心理需求，因而受到孩子们的欢迎，而且答对问题还可以拿到奖品。拿奖品是次要的，关键是

在同学面前有成功感和极大的喜悦。所以活动开始前的有奖问答也是非常受小学生欢迎的"必备保留节目"。

热身运动就像餐前小菜，独特的味道刺激着大家的味蕾。能让人莫名兴奋的小菜就是一顿大餐成功的"前戏"。所以，主持人也要重视活动开始前的热身运动，提前做好各方面的准备。

别人都说"万事开头难"，为什么难？你还没有准备好吗？如果你"炮制"好餐前小菜，观众的情绪调动起来了，现场的气氛热闹起来了，活动这件"事"就一点也不难了。事实上，好的"热身运动"就成功的一半，为接下来的活动"大餐"打下了良好的基础。接下来，主持人就可以充满信心地宣布："某某活动现在开始！"

二、读懂儿童 走进心灵

广州市儿童活动中心所服务的对象是广大少年儿童。作为少年儿童活动的主持人与其他娱乐性活动主持有着本质的不同。首先，我们要懂儿童心理，要了解孩子们的所思所想，知道他们最迫切的需求是什么；其次，我们要与同学们打成一片，走进他们的内心世界，他们才会向你敞开心扉；第三，我们要以正确的价值导向去引导他们，比如社会主义核心价值观（"文明"亦曾作为我们的论坛主题），给予他们正能量，并摒弃所谓的纯娱乐性的负面影响；第四，要有时代气息，跟得上时代的步伐，再用老眼光看他们，孩子们就会说我们"老土"、"OUT"。

广州市儿童活动中心是公益性校外教育阵地，我们是校外教育的教师，担负起培育祖国花朵的重任。所以，我们要以专业的知识、职业的技能、敏锐的嗅觉、开

拓的精神为孩子们服务。读懂儿童、走进他们的心灵，这是对少年儿童活动主持人的基本要求。

儿童活动的主持人，应该是儿童教育的工作者——做儿童人生追求的引领者，做儿童实践体验的组织者，做儿童合法权益的维护者，做儿童良好成长氛围的营造者，做儿童健康成长的服务者。

在主持活动过程中，要有两个"忘我"：一是忘记自己是大人；二是忘记自己是老师。在小主人论坛活动中，没有教育、没有强迫、没有专制、没有框框、没有灌输、没有规定；有的是沟通和理解，有的是平等和尊重，有的是信心和交流，有的是奖赏和激励，有的是耐心和引导，有的是参与和快乐。

在主持小主人论坛活动时，我不是教育者而是聆听者；我不是大人，而是小朋友的大朋友。只要真心和他们交朋友，就会使得他们毫不保留地和你沟通、交流，才有可能带领同学们在笑声和欢乐中完成我们的论坛议程。

只要你懂得儿童，站在他们的角度去思考、去看问题，慢慢走进他们的内心世界，他们就会乐于跟着你的节奏进入论题；他们就会配合好你的程序，举手发言，有问必答；他们就会流露出真情实感，大胆说出自己的真实想法，表达自己的意见和观点……这样，活动现场才会产生原生态的、童真童趣的真实场景，才会出现真挚的情感交流，才会有感人的镜头画面……

有一次，第 24 期小主人论坛正在讨论关于减负的话题。某小学一位五年级的女生现场"吐槽"：在学校已经有不少作业要完成，回家后还要做好妈妈布置的功课，感觉身心疲惫，竟伤心地哭了起来。这时，我问了一句："你妈妈来到现场没有？"她说来了，我马上请出这位家长来回应女儿。妈妈说现场听了这么多同学的意见，自己也很感动，内心也产生很大的震动，觉得对不起女儿，她当场表示：从今天开始也为孩子减负、减压……她抱着女儿流出感动的热泪，这时会场响起了热烈的掌声，场面相当感人和充满正能量。第二天，报纸的新闻报道，全部选用了这张母女拥抱的照片。真挚的情感，用镜头定格。我们为什么会感动？因为它触及了我们的心灵深处。

三、耐心倾听　循循善诱

小主人论坛是提供给少年儿童发表意见和建议的地方，是让成人倾听孩子们心声的平台，以达到相互了解和沟通的目的。要达到这个目的，这与主持人在主持活动过程中的努力和用心是分不开的。

我们知道，并不是每个孩子都善于表达、口若悬河，大部分的小学生并没有受过什么语言的专业训练。他们说话有的口吃结巴，有的吞吞吐吐，这都是很正常的，这也是少儿活动的特别之处。很多小朋友能够在大庭广众之下大胆举手发言已经是很大的突破了，不要对他们要求过高。我在主持活动时会不厌其烦、耐心倾听，有时甚至重复小朋友的话语。当然这个过程也"顺便"修饰了他刚才不太完整和规范的遣词造句。

小学生在思维方式、理解问题、语言表达上与成人相比还有不少差距，回答问题时往往磕磕碰碰、词不达意，不连贯、不流畅。有些孩子胆子小，不敢说话，不知道说什么，到最后无话可说。有的因为心虚，肚子没料(知识基础薄弱，心里没底)，更不敢发言，担心讲错了没面子和被人笑话。

所以，作为少年儿童活动的主持人一定要知道这些真实情况。首先，要帮助他们提高自信心，在活动现场，我一眼就能看出某位同学想发言又不敢举手那种"欲言又止"的神态，我就马上点名请出这位同学发言，说话完毕，工作人员又及时送上小礼物，对他刚才的发言就是一个很好的鼓励。其次，要激励孩子们战胜自我，大胆发表自己的意见和见解。主持人应该通过自己的语言因势利导、循循善诱，慢慢帮助他们把话说得清楚，说得有条理，引导他们对论坛各种问题进行认识和理解。

孩子就像一本《十万个为什么》，他们的脑子里永远都有一大堆这样那样的问题。在论坛活动中，既要耐心倾听，更要适当地回答他们一些千奇百怪的问题。尽管有些问题不会有什么正确答案，但他们要的就是你的及时回应，要的是你的关注，要的是你的认同。这就要求主持人灵活掌握，要会打圆场，把小学生一些漫无目的的发言巧妙地绕回到活动的主题上来。

懂得儿童心理学的人都知道，小学生注意力集中的时间并不长，一个论坛活动用时少则 90 分钟，长则 120 分钟。因此，我会根据活动主题，不时抛出一些新鲜热辣的问题，用设问、反问等提问的方式，让他们接招，让他们思考，及时调动情绪和气氛，引起他们关注，把他们的注意力吸引到论坛的讨论上来。

在主持论坛活动时，我会上上下下满场跑，甚至走到观众中间，零距离与孩子们亲密接触，倾听他们的心声，让他们感到新鲜好玩、兴奋莫名、情绪高涨、充满期盼。这样，他们就乐于跟上主持人的节奏一步一步去探索、思考、分析、讨论。

主持人要说孩子们关心的话题，要说他们感兴趣的事情，举例子时要举发生在他们身边的个案或事例，所有这些都是他们熟悉的，发生在他们眼前的活生生的个案。所以，他们才有话敢说、有话可说、有话要说。

在主持小主人论坛活动时，看到那一张张童真的脸庞，看到那一排排举起的小手，看到那一对对纯朴的眼睛，看到那一个个兴奋的笑容，我真的是感到由衷的欣慰、感动和开心，我们所有的付出都是值得的。

四、思维敏捷　驾驭全局

笔者这么多年主持的各种活动、比赛、夏令营已经超过 300 场，每当手拿麦克风站在舞台中央，我浑身就有一股气流、一股气场在蔓延、渗透；骨子里就有一种专注、一种投入在腾飞、升华。由于我的声音比较"入咪"(注：容易穿透麦克风并扩张出来)，一开口说话，我就能比较轻松地掌控全场，这时脑海里就会涌现出战场上将军在指挥千军万马的英雄形象。

主持人不是高大、威猛、帅气就行的，那都是表面的现象，是表象，是外在的东西。**主持人需要基本的技能：口齿伶俐、吐字清晰、能说会道、思维敏捷、快速反应、把控全局。**关键还要看你的内涵、你的能力、你的思维、你的内功。我以为，主持人还得用自己的真心、真诚、真挚，靠真材实料、真知灼见去打动观众，用"真功夫"去完成活动的各项程序。

有一次，我正在主持一场活动，正值夏季，热浪逼人。小剧场里人声鼎沸，气氛热烈（此时空调也出了一点小问题）。突然一声巨响，舞台上方一盏大灯爆炸了。霎时，一片黑暗，观众发出一阵嘘声和噪音。我马上拿起麦克风说道："观众朋友，由于你们热情太高涨了，把舞台上的大灯也热爆了，谢谢你们的热情支持……"顿时观众席上爆发出热烈的掌声。

又有一次，我主持一场儿童演讲比赛。不知什么原因，出场的 1 号到 6 号选手全部是女孩子，当 7 号选手准备上场时，我灵机一动说道："不知大家有没有留意，刚才 1 号到 6 号选手都是清一色的女孩子，马上出场的 7 号同学呢？"我故意停顿了一下，接着说："还是女孩……"全场马上发出一阵会心的笑声。

主持人不能照本宣科。不能照念稿子，不能居高临下，不能生硬僵化。在主持活动时主持人不能天马行空，随心所欲，不能想说什么就说什么，要注意自己的形象是代表主办单位的，自己的言谈举止对孩子们会产生什么样的影响，要说与本次活动有关的话题。要善于捕捉现场同学们表现出的闪光点并加以发挥，去传递正能量。主持人除了灵活机动、及时应变外，还要机智、诙谐、幽默、风趣，这样就会慢慢形成独特的主持风格。

主持小主人论坛活动的过程，没有台本、没有规定、没有框架、没有约束。小学生在回答问题、提出看法、相互讨论中，常常会突发奇想，出乎意料。你完全没办法预计下一位同学会说出什么样的意见，这就要求主持人灵活掌握、善于联想、思维活跃、举一反三。通过主持人的聪明才智有机地串联起论坛这出大戏，引导同学们在热烈的讨论中找到合理的答案。

我们的小主人论坛活动不是节目演出，没有导演、没有主演、没有彩排、没有重来、没有暂停、没有跳过，活动是一次性的、一路往后、一鼓作气、一气呵成。如果说有导演的话，那么，主持人就是活动的导演：什么时候现场感到冷场需要快速转换；什么时候说得太精彩了，场面太热烈了可以适当延长时间；什么时候孩子们发言有些散乱要及时引导到主题上来；什么时候需要请现场的大人（嘉宾、老师、家长）对孩子们的问题进行回应……所有这些都没有什么硬性规定和设计好的程序。全靠主持人现场去发挥、去把握、去控制、去调度，所以临场的反应和应变能力对主持人来说是十分重要的。

据笔者多年的观察，许多主持人到活动的尾声时很容易忘记做一件事：说出结束语，我认为这也算一个小差错。每当领导嘉宾与儿童代表在舞台合影完毕后，随着结束音乐响起，我会宣布"XXX 活动到此结束"，然后用偏快的语速感谢领导嘉宾的光临，感谢老师和同学们的参与，感谢台前幕后的有关工作人员……"我们下次活动再见！"这样的话才能使活动显得有头有尾，有始有终，前后呼应，给人留下难忘的印象。

五、想方设法　战胜疲劳

如果说，一场活动用时需要 100 分钟的话，那么，接近 60、70 分钟时就是一个最熬人的阶段，因为，此时大家都进入了"疲劳"阶段。

什么是疲劳？疲劳就是：疲乏、疲倦、疲塌、劳累，因外力过强或作用时间过久，细胞、组织或器官的机能或反应能力就会减弱。一场活动新鲜过后，激动过后，高潮过后就容易出现疲劳：审美疲劳、视觉疲劳、听觉疲劳、精神疲劳。作为主持人的我也会出现身体疲劳，而且我还经常是一个人"孤军作战"。

这时，主持人一定要想方设法战胜自己，应对挑战，控制好场面。首先，要不断引入新鲜的内容，吸引大家的注意力，战胜疲劳。第二，转换话题，在适当的时候及时转到有新意的讨论环节中，引起大家的兴趣。第三，及时请出重量级嘉宾闪亮登场，他们新的面孔，新的思维，他们的发言也会受到孩子们的关注。

只要不断抛出有吸引力的好玩刺激的东西，现场就不会枯燥，不会疲劳。如何让活动现场气氛热烈笑声不断，高潮一个接一个，既让老师、家长觉得活动有意义，又让孩子们乐于参与，这的确考验策划人员的环节设计和主持人的智慧及功力。

有一些天真的主持人（或者嘉宾），在活动差不多结束的时候总爱问孩子们：今天好不好玩啊？今天开不开心啊？你想得到的答案无非就是大家一齐说：好玩！开心！可是，现在的小学生敢想、敢说、敢做、敢为，你问幼儿园小朋友也许会被你"忽悠"过去，但小学生就不一定了。我就在现场听过孩子们回答说：不好玩、不开心。主持人这时一定会非常尴尬，非常不好意思，真的是自讨没趣。

我主持了 300 多场活动，从来就不会这样去问小朋友。因为凡事都有个概率，如果 100 人参加活动，能做到 95% 满意率已经相当不错了，但是如果那不满意的 5 个人大声说自己不开心，你怎么办？不要自己给自己挖坑而且还跳下去。我做主持的时候，我会这样问：孩子们参加今天活动有什么收获？有什么感想？有什么体会？这时，肯定会有小学生举手回答你的问题，这时的小孩子就不会乱说话、不敢乱说话，这时你就会获得满意的答案，同时也是对本次活动一个很好的小结。

六、夏令营活动多姿彩

作为校外教育的阵地，每年一度的"夏令营"活动当然不能缺席。而我也是夏令营活动的主角，从开始的策划方案到考察场地；从组织发动到报名环节；从宣传设计到主持实施都离不开我的劳动和付出。

暑假到了，孩子们扔开书包、离开学校、走进社会、拥抱自然，夏令营正是提供给少年儿童一个大展身手的好机会。于是，各种夏令营应运而生：军事训练、团队拓展、外出游学、安全教育、美术写生、科技制作……而我们的夏令营活动主要有：军事拓展、智力游戏、记忆训练、朗诵经典、成长系列、团队合作、故事分享、定向拍摄、知识问答、联欢晚会等等。

我作为活动的主持人，有很多环节、很多细节都要参与其中。夏令营跟一般的活动是有很大区别的，我们的夏令营一般是五天四晚，活动是系列性的、是连续性的，不是一次性的。所以，要求主持人要有好的体力之外，还要有脑力、有精力、有能力。

主持人除了正常地主持各项活动外，还要在几天几夜里与孩子们打成一片，一起吃饭、一起生活、一起活动，他们对你就会有一种依赖，就会更加信任你。在主持夏令营活动过程中，临场发挥尤其重要，比如：参观一个展览、看完一段录像，在观看的过程中，我就会想出一些小问题来提问营员，同时也考验他们到底有没有认真观看。由于活动项目多，如何有效地切入、转换，活动之间如何有效连接和延续，这也成了考验主持人的一项基本技能。

在夏令营中主持人要准备几套应急方案，比如：下雨怎么办？场地怎样使用？资源如何协调？带队老师怎样分工？营员积极性如何调动？……此外，主持人的肚子里还要藏着很多关于科技、地理、历史、文化等等考智力考 IQ 的题目，随时抛出给营员进行抢答，答对了团队加分，这样能有效刺激同学们的积极性和参与热情。

主持活动语言要亲切、生动、风趣、幽默、流畅、精练，既传播正能量，又接地气，既让孩子们容易接受，又让他们觉得有趣好玩。夏令营活动时间比较长，这就要主持人保护好嗓子，有时可以用哨子作为辅助：代替讲话、集合队伍、重点提醒、比赛开始、户外训练、活动结束。夏令营期间不吃刺激的、辛辣的食物，必要时服用清热解毒的保健品是很有帮助的。

夏令营活动从早上 7:00 到晚上 10:00，主持人是全天候的，全能型的，没人代替，没有车轮战术，只有你自己由始至终坚持到底。各种活动、各种游戏、各种比赛、各种说明，都由主持人去解释、去实施、去落实、去执行。

此外，主持人最好能够表演一些小节目、一些才艺，有一些拿手好戏那就再好不过了。比如：脸上的表情、手上的动作、利用道具玩魔术……而且，这些都是小学生不容易做到的。这样的话孩子们对你就会更加钦佩，更加亲近，更加崇拜，更加听话。

在整个夏令营活动中，主持人的角色是多变的。指挥者：活动流程的执行和实施；教育者：用正能量引导营员；医务工作者：能处理简单的流鼻血，手脚磕碰等小伤口，提供感冒发热的小药品；高级保姆：照顾一些自理能力较差的孩子；心理疏导师：几乎每天都会发生吵架、争执、哭闹、想家的事情，晚上还要找营员逐个谈谈心，舒缓矛盾。这里的主持人就是一位有才干的多面手。

七、及时总结 以利再战

这么多年主持活动，笔者感受最深的一点就是，主持人自己首先要有激情，自己都没有情感投入，自己都没有兴奋又如何去打动观众呢？要用激昂、振奋的语言开好头，要用一身正气去感染大家。每当我站在舞台中央时，声音宏亮、语言流畅、表达清晰、表情丰富、充满激情、专注投入，这就是我——主持活动时都能够达到的忘我境界。每当我手拿麦克风站在舞台中央时，沉着冷静、机智灵活、条理清楚、逻辑性强、幽默风趣、联想丰富、举一反三、把握有度、快速决断、驾驭全局，这就是我——"中心"同事交口称赞的"金牌主持"！

我们策划活动的主题，是根据儿童成长的身心特点去分析和研判的。一个好的儿童活动的主持，不但具备口才、应急、反应等能力，还应学习心理学、教育学、儿童心理学、家庭教育学等基本知识。一位主持人，他从活动的策划、联络、组织、实施全部过程都参与，他就熟悉了整个方案的要求，知道本次活动希望达到的目标和效果，这时主持活动就更能得心应手。

一个好的主持人，还应具备一定的中文写作能力。比如：写出活动的基本方案、大型活动的执行台本、当天活动的议程、实施方案的流程、各位工作人员的分工、主持人的配合串词、活动结束时的总结……

如果要问我，主持活动时最怕什么？

1、最怕念稿，最怕照本宣科。我不愿做普通的司仪，那没有什么创造性，没有挑战，没有什么技术可言，不是我的风格。

2、最怕主持活动时被某些人为的东西打断。有一次，我正在主持活动时突然有人塞给我一张纸条：一会儿停下来介绍一位领导的光临。没办法，我只好正儿八经地向大家介绍，又有一位领导对我们活动的重视、关心、厚爱，大家欢迎。谁知道，坐不了 10 分钟，这位领导又像电影"走片"那样悄悄溜走了。

3、最怕刻板的流程，怕一早就定下的框框，怕受到约束，怕这个要求那个要求。我不会循规蹈矩，我会根据实际情况临场改变一些议程。诸多限制就难有主持人的特色个性，更难有主持人的创造发挥。

4、最怕有些嘉宾冗长的发言。太过专业化和理论化的分析，听得人昏昏欲睡，这些东西不适合小孩子。

如果要问我，主持这么多年的活动还有什么不足需要总结？

1、我是地地道道的广州人，母语是广州方言，说的普通话距离标准还有一些差距，不如说北方方言的人那么流利、字正腔圆。所以，还要不断地学习，不断地提高，在语言上再下功夫。

2、活动时对音响、音效还是重视不够，经常是仅用话筒说话就行了。暖场音乐、出场音乐、背景音乐、颁奖音乐，某些环节的音效该怎样出，是值得研究的，有些音效出得好就会起到画龙点睛的效果。

3、舞台的布置、座位的排列、背景板的设计、宣传横幅的摆放、多媒体的配合等等都应该认真对待，重视细节，才会成功。

4、每次活动都会或多或少出现一些不足的地方值得总结，正像一位电影人说的那样："电影是遗憾的艺术。"因此，活动结束时都不可避免会留下一点遗憾，所以我们就要及时总结，不断积累，为日后的提高打下基础。

大人们开会，大家都习惯坐在后面，因为那些位置不受重视，不引人注目，他们都会远远地躲起来，一些胆小、内向、文静的学生也常常"锁定"后面的座位。的确，在会场前面几排的学生比较兴奋、跃跃欲试，容易受到主持人的关注，在提问、互动中往往占得先机。但是，我们小主人论坛的座位是随机分配的，不会刻意安排。这就要求主持人经常关心坐在后面的学生，防止他们注意力不集中，容易开小差。所以，主持人要时不时请后排的同学发言，把与他们的距离拉近，引起他们的注意，这样才更有效果。

最后，对"中心"的主持人提一些希望：主持人要用心、用功，要学习、钻研，要吃苦、耐劳，要努力、奋发，要机智、灵活，要担当、负责。

要做"八有"主持人：有文化、有艺术、有能力、有主见、有创意、有激情、有特色、有个性。

传播篇
COMMUNICATION ARTICLES

严兰云

儿童是社会的小主人，是祖国未来的建设者，是中国特色社会主义事业的接班人。广州市儿童活动中心作为儿童校外教育阵地，如何从主体、育人和辐射等方面在未成年人核心价值体系构建、培养健康人格、提升幸福指数、促进快乐成长中充分发挥作用，是我们校外教育工作者一直在努力探索与研究的核心课题。

经过多年的实践，我们把活动作为做好校外教育工作的主要抓手，通过有目的、有组织、有计划的教育实践活动，通过喜闻乐见、充满童真童趣的活动形式，引导广大少年儿童树立正确的人生观、世界观和社会主义核心价值观，培养道德高尚、诚实守法、技艺精湛、博学多才的合格小公民，形成了如"羊城小市长评选"、"小主人论坛"和"科技周儿童活动专场"等一批有社会影响力和美誉度、深受学校和家长欢迎、孩子们喜爱的校外教育活动品牌，伴随着孩子一起成长，影响着一代又一代的少年儿童。

小主人论坛作为广州市未成年人校外教育活动品牌，走过了16年，成功举办了28期。每一期小主人论坛的主题既贴近儿童生活，又具时代气息。它不仅仅是孩子们当家做主、关注社会、热爱生活、抒发情感、培养能力的"加油站"，也是成人与孩子平等对话的"空间站"，更是弘扬社会公德、传递社会正能量的"广播站"。我们希望通过小主人论坛这个平台，让孩子们尽情发声，让家长倾听孩子们的心声；也希望通过这个阵地向孩子和家长传播道德、诚信、文明、友爱等正能量，呼吁社会各界关注孩子们的成长环境及所遇到的心理问题和社会问题，及时给予帮助，使孩子们的成长条件得到进一步改善，让他们在和谐美好的氛围里健康快乐地成长。

不要让学习压力夺走孩子的快乐

随着社会物质文明和精神文明的进步，人民的生活质量越来越高，日子也越过越好，但却存在这么一种现象：现在的孩子，尽管生活、学习环境远远好于他们的祖父辈，但他们却不是快乐的一代；尽管他们不愁吃不愁穿，但在学习功课与考试方面的沉重负担，让孩子们根本就快乐不起来。

我们知道，教育的最终目的是让孩子有能力创造幸福生活，享受生活。纵观中国这几十年的教育，其最基本的特征就是填充式教育。由于巨大的就业压力，导致巨大的升学压力。当前小升初、中考、高考的唯分数论，让学生和家长们为了分数竞争而倍感"压力山大"。为了学业上有更大的发展，重点名校成为家长和孩子们的企盼。不同年龄段的孩子面临着不同时期的升学压力，他们要不遗余力地把所有的时间用于小升初、中考和高考等各阶段的升学准备，所以学生在校学习时间全部由教师负责填满，学生在家时间则基本由家长负责填满，就连孩子们的寒暑假也没"消停"，从学校走出来又走进了"衔接班"、"补习班"和"冲刺班"，小到幼儿园的孩子，大到高三的学生们，他们都在忙一件事"抢跑"，不断地"加时赛"，频繁奔波在补习班、兴趣班的路上，没有一点放松的机会，也没有喘口气的闲暇。这个原因不仅仅是教育造成的，更主要的是社会造成的。

小主人论坛作为孩子们的快乐家园、发表心声的休息站，我们把当前这个热点话题、社会普遍现象作为小主人论坛的专题展开讨论。在《小学生减负大家谈》、《"六·一节"我想说》、《快乐暑假大家谈》、《应对考试大家谈》、《怎样过一个文明的暑假——"小市长"倡议每天快乐多一点》等专题中，我们听到来自不同学校、不同区域的孩子们发出的同一种声音：好累呀，我没有自己的娱乐时间，我有做不完的作业上不完的补习班，我好想快点长大。甚至有的孩子为了逃避沉重的学习压力，曾想过要离家出走，曾想过要结束自己的生命以得到解脱……孩子们发自内心的呼声，一浪高过一浪，这不得不引起我们的家长、教育工作者和社会的重视，是否应该静下心来好好听听孩子们的心声，真真切切地从少年儿童身心发展的需要、为他们快乐成长实实在在地做点什么？

这些年，社会各界一直关注着学生的学习负担，很多学校也确实在教育方法上作了很大改进，书包轻了，作业少了。但是，很多家长却紧张起来，结果老师布置

的作业少了，家长安排的作业多了，拓宽思维、提高学习能力的奥数、奥英、奥语等培训项目层出不穷，再加上练琴、画画、书法等所谓的"素质教育"内容，学生的压力丝毫没有减少，造成很多家庭"平时忙着请家教，周末陪着去补课"，为的就是不让自己的孩子输在起跑线上、输在

拐角点，让孩子在未来的社会竞争中多一份决胜的筹码。于是，家长们把对社会压力的理解和感受，不知不觉地灌输给孩子，久而久之，这种学习压力、竞争压力，通过家长及社会的传导机制层层传递，也就层层递增、放大，以至超过了孩子们的心理承受能力，而让孩子们过早承受了很多在他们这个年龄段本不该承受的社会压力。于是，孩子们的娱乐时间少了，课外功课多了，笑容少了，烦恼多了，七彩的童年、激情燃烧的青春失去了本该有的光彩。

通过小主人论坛让我们真真切切地听到孩子们发自内心的呼声，让我们这些"成年人"为所谓的"爱"、所做的"事"而汗颜。社会竞争是客观存在的，学生的学习压力也是不可避免的，但是作为家长、教育工作者和社会，不要再有意无意间增加这种压力，而是要从孩子的视角去了解他们的内心世界。除了要尊重孩子、多跟孩子交流、引导他们轻松找到学习的捷径、培养有益身心健康的兴趣爱好之外，还要为孩子的成长营造一个愉悦的氛围，让孩子的心声得到满足，让孩子不断地感受幸福和快乐，教会他们与别人沟通、与同伴相处、学会取舍与释放、多阅读有益的书籍、多去看看外面的世界以增长见识。在不断的学习交流、感受自然之美的过程中学会正确理解人生的意义，正确处理所面临的困难，缓解内心的压力，认识生命的多元价值，树立正确的人生观、世界观和价值观，感悟人生的美好，让自己在轻松、快乐和健康中度过自己的花季人生。

学会自我保护让孩子健康成长

孩子是父母的希望和未来。从孕育之初到呱呱落地，从呀呀学语到姗姗学步，从幼儿园到学校，从学校走向社会……孩子生命成长中的每一次进步，都浸透着父母的汗水；孩子生长发育中的每一次超越，都包含着父母的心血。父母的爱是无私的，对孩子的教育非常重视，也倾注了全部心血和大部分的财力。但是，大多数家长的教育出现了偏差，他们把学习成绩看得太重，而忽略了孩子除了对知识的学习外，还需要明白人生的价值和生命的可贵，需要从小树立起自我保护的意识，需要加强生存与生活技能的锻炼、突发事件应变能力的培养、动手实践能力的提高和创新思维能力的提升。

在孩子的成长道路上，孩子的安全一直是家长心中的牵挂，但让孩子真正学会自我保护，才是保证他们安全的前提。可是，让我们感到震惊与遗憾的是：由于升学压力和生活压力，学习成绩仍是大多数家庭和学校的主要期盼值和目标值，在加强孩子自我保护意识、专业技能培训和社会综合能力锻炼等方面的意识还很淡薄，主动性、普及性和科学性还不够。更有甚者，不管是大城市还是边远乡村，都存在这种现象：有些家长忙于工作加班加点，有些家长奔波在打工路上，有些家长周旋在生意场上，有些家长埋头在农活里……家长们为了给孩子创造一个好生活，让他们能有机会接受良好的教育而乐此不疲，但是这些家长却忽视了对孩子最基本的教育——安全教育，特别是在孩子自我保护上，还处在意识的盲区而茫然不觉。

纵观近几年社会上发生的儿童安全事件，我们清醒地认识到：对孩子的教育出现了"短板"和"漏洞"，教育的内容和形式还不够多元、不够科学、不够到位，孩子的自我保护意识不足，安全防护措施和突发状况的应变能力也还很弱。这不得不引起家长、学校和社会的深度思考。

少年儿童缺乏处世能力，随时都会有被生活吞噬的危险。让孩子学会自我保护，尽可能避免意外伤害，这不是一朝一夕的工作，也不是定时定点的课程，它的学习和养成都需要父母、老师用一双智慧的眼睛去发现危险可能存在的角落，然后在第一时间告诉孩子它的"藏身地"，教会他如何避之、远之甚至消灭之。

小主人论坛把儿童安全问题作为切入点，结合国家有关政策的出台，专门开设了以《儿童的权利与保护》、《"小悦悦事件"给我们的启示》、《乡村儿童的安全与保护》为内容的专题讨论。从自然灾害的预防到日常生活安全小常识，从未成年人如何提高自我保护意识到见义到底要不要勇为，从一个个案例所引发的思考到从每一个事件所带来的启示，孩子家长猛打"口水仗"，各抒己见。现场的律师则认为，未成年人首先要学会保护自己，在有能力的情况下帮助别人才是最好的选择，而家长和老师则要及时更新教育方式，及时为孩子传授新的安全知识。

为了让孩子们更好地掌握安全知识并运用到实际生活学习中，活动现场特邀专家还专门教孩子们掌握一些必备的安全常识，冷静应对伤害；为孩子们传授自我保护、安全防范方面的专业技能，加强自我安全防护意识，提高突发状况的应变能力；

让孩子们发现和总结发生在身边的类似案例和生活见闻，通过实例讲解，进一步提高孩子的"免疫力"和"应变力"，从容面对诱惑、机智应对，快速躲避自然灾害，确保人生安全。

广州市儿童活动中心作为市一级校外教育机构，我们呼吁：

请家长、学校和社会一起行动起来，在为广大少年儿童普及更多的自然科学和社会科学知识的同时，利用现有的教育平台和活动阵地，通过多种途径、多种形式进行宣讲和体验，让孩子从小树立自我保护意识，掌握必要的安全防护技能和求生技巧，提高突发状况和危机处理的应对能力，让他们更好地适应社会的发展，健康快乐地成长。

常怀感恩之心让孩子成为有责任的人

前些年，因计划生育政策的实施，大多数家庭都是独生子女家庭，孩子成了家庭中的小太阳、小皇帝，孩子们得到的宠爱本来就多，慢慢地就容易养成自私自利的习惯。同时，有些家长的过度保护，促使孩子变得孤独自闭、麻木冷漠，孩子的生存能力也逐步退化了，感恩之心也慢慢地丧失了。

在关于当代少年儿童的思想道德方面的多份调查都显示："这一代独生子女自私、冷漠、不关心人。"究其原因就是因为许多孩子都是在家人的溺爱中成长，在他们的成长道路中，从未有过回报的实践，更何谈回报意识？所以，在孩子心中，他们自以为自己就是家中的"小太阳"，仿佛围着他们转才是最普遍的自然规律。

回顾近十年发生的惨不忍睹的恶性事件，无数触目惊心的恶果、无数"心理病"受害者的鲜血和吁求，都在警示我们，急需充满人性关怀和伦理道德启迪的感恩教育。近年来，这方面引起了国家教委的高度重视，各级教育部门已把感恩励志教育纳入到思想品德教科书，列入学校的政治课堂，贯穿于德育教育实践活动中。

感恩，是我们民族的优良传统，也是一个正直的人的起码品德。小主人论坛作为弘扬社会公德、传递社会正能量的"广播站"，把感恩励志教育融入到孩子们的议事堂，先后开展了《"小公民"道德教育》、《我心目中的老师》、《父母下岗后你是如何对待的？》、《沟通从心灵开始》、《"道德讲堂"——奥运冠军报告会》的专题研讨活动。大多数孩子懂得"滴水之恩，涌泉相报"的道理，感知父母工作不易，明白老师教书育人的辛劳，知道要回报父母、家人和老师的爱，懂得回馈社会、回报身边人。可仍有小部分孩子对感恩的认识存在片面的理解，对如何践行存在着偏差与不足。作为教育工作者，我们有责任、有义务去开展感恩励志教育，让感恩思想伸入到孩子们的心灵深处，来一次灵魂的洗礼。

在小主人论坛中，我们通过设计主题引发研讨与辩论，通过实例剖析引发思考，通过专业人士的点拨指引方向，通过台上台下的互动达成共识：一是教孩子认识感恩的意义，懂得父母的养育之恩、老师的教育之恩、同学的协助之恩、社会的关爱之恩、军队的保卫之恩、祖国的呵护之恩……理解"赠人玫瑰，手留余香"的深刻含义；二是引导孩子反思自己，激发自我发展的要求，使麻木的心灵感知痛苦，蒙昧的良知得以警醒，明白经常怀着感恩之心的人，心地坦荡，胸怀宽阔；三是加强亲子沟通、激发潜能的生命教育和爱心教育，密切亲子关系、朋辈关系及与他人和谐相处的关系，自觉自愿地给人以帮助，助人为乐；四是激发潜能、树立信心，点燃激情，从心里自然而然地萌发感恩之心，让孩子感悟到因别人为自己的付出而感动，同时又以自己的实际行动来回报，这样人人都有了感恩之心，都想着去回报，那么我们身边的人就会变得越来越优秀，世界也将会充满着爱；五是大力弘扬美德，倡导仁爱，改变孩子以"自我为中心"的认识，学会关心他人，懂得尊敬父母、感恩师长，不求索取、主动奉献，勇挑重任、敢于担当。

一颗感恩的心，就是一个幸福的种子。感恩不是简单的报恩，也不是一个任务，它是一种责任，是一种自强自立的生活态度，是一种对阳光人生的精神境界的执着追求。让孩子常怀感恩之心，只有这样，他才会有一个积极的人生观，拥有健康的心态，成为具有优秀品质的人，才会有一个幸福的未来。

参与社会管理让孩子成为合格的社会小主人

社会管理既是对全社会的管理，也是全社会共同参与的管理。儿童是社会的小主人，是未来社会发展的生力军，是社会主义事业的接班人。他们承载着祖国的寄托，肩负着历史的使命，他们有责任、有义务参与到社会管理中，成为社会主义建设的一份子，为建设幸福家园、构建和谐社会尽一份责任。

可是，现在的孩子大多是独生子女，由于娇生惯养，大多数的孩子在家庭、学校、社会都表现出以自我为中心，惯于享受，任性自私，团队合作意识、大局意识和社会责任意识淡薄，注重个人学业的发展，缺少社会实践经验及综合社会能力的培养和锻炼，独立自主能力较弱，缺少勇挑重担、敢于担当的勇气和责任感。

为了让孩子们懂得自己是社会中的一员，明白自己肩负的责任、应尽的义务和行使的权利，让自己成为一名合格的社会小主人。小主人论坛把未成年人的校外思想教育功能和服务功能结合起来，以当前的社会热点话题为切入点，先后策划并组织开展了《建设"诚信广州"大家谈》、《禁止燃放烟花爆竹你支持吗？》、《我心目中的和谐社会、和谐家庭》、《课本回收循环再使用你支持吗？》、《文明有礼迎亚运》、《繁体字进入小学好吗？》、《做个环保小卫士》、《垃圾分类大家谈》、《践行社会主义核心价值观之文明大家谈》等专场活动，让孩子们主动参与社会管理，从身边人、身边事着手，为城市建设、公共设施管理、维护社会秩序等方面提合理化建议。

在如何参与垃圾分类成为"小主人"的热议话题中，环市路小学、回民小学的100多位小学生有备而来，面对各种有关垃圾分类的问题和建议，回答起来毫不含糊。当得知广州市每天产生了1.8万吨垃圾，正面临"垃圾围城"的困境，谈及如何缓解这一问题时，第八届羊城"小市长"李昱雯现场向大家介绍了垃圾减量"5R"原则：Reduce（减少丢弃的垃圾量）、Recycle（回收使用再生产品）、Repair（重视维修保养，延长物品使用寿命）、Refuse（拒绝无环保观念产品）、Reuse（重复使用产品），并根据这五个原则详细畅谈了具体的做法。场内响起雷鸣般的掌声，此举得到在场专家和观众的一致赞同。市城管委的领导和专家们认为，在家庭垃圾分类中，小朋友是重要的倡导者和实践者，通过倾听孩子们的心声，不仅可以让孩子从小养成对垃圾分类投放的习惯，还可以让更多的家长重视垃圾分类。小主人论坛不愧是校外教育活动的一个品牌，通过这个平台，为广州市推行城市垃圾分类鼓与呼，让孩子、家长、学校更好地配合政府积极做好城市垃圾分类这项工作，为广州巩固国家卫生城市成果做出了贡献。

每一期的小主人论坛，都从不同的角度引入新颖的话题，引发孩子们的思考并进行深入讨论，激发孩子们参与社会管理的热情，从小培养主人翁的责任感和诚信守法有礼的处世态度，让他们以小主人翁的精神，参政议政、关注社会发展、关爱身边人、关心社会事。议题从如何做家庭小帮手、同学小伙伴、社会小标兵、环保小卫士、独立小主人等方面，引导他们"爱国守法，明礼诚信，团结友爱，敬业奉献"，让孩子们用"小眼睛"看"大世界"，用"小嘴巴"说"大道理"，用"小手"拉"大手"，积极参加社会实践和公益活动，主动为班级管理、学校建设、社会发展建言献策，做一个有理想、有文化、有责任、有担当的社会小主人。

引入财商教育让孩子学会规划和管理人生

在现代教育中，基础教育，培养智商；专业教育，培养职业技能；财商教育，培养正确的金钱观。

随着我国商品社会的日益发达，"钱"已经成为每个公民在工作和生活当中最活跃、最核心的因素。我国著名财商教育专家汤小明先生认为：财商是一个人认识、创造和管理金钱（财富）的能力。财商（FQ）与智商（IQ）、情商（EQ）一道被称为现代经济人必备的"三商"。而财商是赚钱能力、管钱能力和花钱能力的集合，财商的高低直接决定了一个人是否能够有效地进行财富积累、有效地利用好手中拥有的资产、有效地实现合理消费、让有限的财富创造更大的社会价值。通过财商教育，也让人学会规划和管理自己的人生，为自己的未来开创一条幸福的阳光大道！

棋如人生，人生如棋，如何把身边所有能利用的资源，包括财富，通过"如棋"游戏的形式，让孩子在棋盘上运营，让孩子通过实践来总结怎样投资理财，怎样管理自己的财富，经营好自己的人生？小主人论坛以一场理财游戏拉开了财商教育的序幕。

从《压岁钱去哪里了？》到《小学生需要怎样的财商教育？》，在小主人论坛这个平台上，专家以通俗的语言、丰富的案例，从分析重视培养孩子的财商、培养孩子的理财技能、开启孩子的财富密码、挖掘孩子的财商潜能、充实孩子的金融知识等不同角度，全面阐述了财商教育的内涵、方法，让家长和老师掌握如何有效培养孩子的财商，为孩子以后的成长奠定基础。通过讲解、游戏和辩论，让孩子们不知不觉中理解财商教育的重要性及现实意义，明白钱是从何而来？如何管理自己的利是钱，怎么样让有限的钱变得更有价值？通过对自己财富的有效管理，进一步锻炼和培养了孩子创新、自我管理、高效学习和独立思考等方面的综合能力，学会规划和经营好自己的人生。

论坛上有位同学说得好："我们要成为金钱的主人而不是奴隶，从小引入财商教育就是让少年儿童成为金钱的主人，培养少年儿童管理金钱的能力，这有利于实现我们将来的人生理想，造福人类社会，财商教育让我们找到了打开财富大门的金钥匙，为我们的将来奠定良好的基础。"

孩子是社会的小主人，他们总是要独立生活的，应该让他们从小就了解钱的来源、用途以及如何支配，树立正确的价值观和健全的财商意识，养成良好的理财习惯，使孩子在成年后，能迅速适应社会，学会规划和管理人生，实现个人梦想，引导孩子感恩父母、建立责任感，获得独立、自尊和健全的人格。

广州市儿童活动中心通过小主人论坛领先引入财商教育，为学校和其他校外教育机构更新教育理念、丰富教育内涵、完善教育模式做出了榜样。透过各大媒体的宣传和呼吁，引起了家长、教育机构和社会的广泛重视，将财商教育纳入到实践能力培养中，更好地发挥它的作用。

走过 16 年、历经 28 期的小主人论坛从孩子的视角去审视世界，以当前社会热点话题和少年儿童的身心需求为切入点，通过论坛的形式引导孩子学会思考、善于总结、有效沟通、相互促进，充分演绎了"论"的新意，使孩子们在参与辩论、听证的同时，学习和领悟其中的道理，开启人生新的航标，努力去实现自己的梦想。

走过 16 年、历经 28 期的小主人论坛深受学生、家长和老师的欢迎，得到学校和社会的点赞。小主人论坛不是夸夸而谈、漫无目的论坛，它是一个有思想、有创新的论坛；是一个能够引发和锻炼我们思维能力与表达能力的论坛；是一个加强亲子、朋辈关系，关注社会发展，传播社会正能量的论坛。我们希望小主人论坛越办越好！

（作者系广州市儿童活动中心副主任）

这一篇章是来自媒体记者对小主人论坛活动采写的报道文章。

二十八期小主人论坛活动，每期我们都会邀请媒体朋友对活动进行采访报道。记者朋友用他们犀利的眼光、特别的思维、快速的反应、独特的视野予以报道：或采访学生；或专访嘉宾；或直击现场。

媒体记者有他们的专业精神，职业的敏感，他们用敏锐的角度去观察、分析、归纳、整理，他们采写的文章因此更专业、更细致、更真实、更到位。

读者朋友可以在这篇章中站在媒体记者的层面来看小主人论坛的成长过程。

媒体篇
MEDIA ARTICLES

03

第1期

说出你的心里话
——"新世纪小主人论坛"首次活动侧记

来源：现代小学生报　　时间：2000年5月4日　　陆一儿

4月15日，距1月7日国家教育部召开全国电视会议下达"减负"令刚好100天。这天上午，由本报与广州市儿童活动中心联合举办的"新世纪小主人论坛"在中心的"文化广场"隆重揭幕，并进行首次活动，话题也恰恰是："减负"大家谈。

减负与减压

"减负"是个热点话题，里边有很多很多相关的小话题。这次，主持人首次提出了一个有趣的话题：学生的书包轻了、放学时间早了、作业也少了，那"减负"是不是就"大功告成"呢？一位小学五年级的学生首先说出自己的看法，她说这也算是"减负"吧，但学的内容仍然那么多，老师要求还是那么高，负担和以前还不是一样？一位初中生说，"减负"更重要是减轻过重的心理负担，现在面临考高中，我们的心理压力很大！小主持读了一封小学生写来的信，信中说："减负"后，老师布置作业少了，但父母却又找来一堆学习辅导练习给我们做……怎样才算真正"减负"呢？真要大家深思深思，谈个明白啊！

"你们想不想玩？"全场小朋友高呼："想！"

玩是一个与"减负"有直接相关的话题。当主持人提出"课余应该怎样玩"的话题，"一石激起千重浪"，立刻引起热烈的议论。小朋友特别兴奋，纷纷表示"减负"后，他们能有多些时间玩是最高兴了。有家长却理直气壮说孩子求学期间，课余也要以学为主，不能玩得太多，有家长更坚决表示反对孩子玩"上网"成为"网虫"，有家长担心孩子缺乏自控力，自由支配时间多了容易"出事"……对家长的看法，不少学生表示不同意。一位中学生当即"请问"家长：为什么要把玩和高科技分开。他说，玩也要有现代水平，玩电脑、玩高科技，成为"网虫"才够味够劲呢！家长随即对答：并不反对玩得高科技些，但整天蹲在电脑前，伤眼睛、受辐射损害，不好吧！一位二年级的小女孩用清脆的童音建议家长在假日多带孩子去公园玩、去旅行；一位穿着印有"现代小学生小记者"字样红背心的大女孩接过话筒说，应该多玩动脑动手有创作性的益智活动，如小制作、小实验；某中学一位高个子男孩大声说：现在我们不是玩得太多，而是玩的时间、玩的地方太少了……小主人的意见引起了一阵阵会意的笑声，激起了一阵阵赞同的掌声。

全社会关注"减负"

"减负"，其实从解放初就提出了，体现了党和国家一直都关心下一代的健康成长。论坛首次活动，市教委、市妇联的主要领导来了，市教研室的主要领导来了，共青团少工委的阿姨来了，不少中学和小学的校长、老师来了，很多家长也闻讯赶来了，大朋友们和孩子们亲切地围坐一

块、平等交谈，或回答孩子们一个个的问题，或直抒己见，建议孩子们在"减负"后应该怎么做。领导、老师、学生、家长之间真诚对话，这种充满民主气氛的场面，而且是面对众多宣传媒体开放式的现场对话交流，在全国也是少见啊！

从此，广州市多了一个富有创意的教育阵地，小主人多了一处说真心话、公开和同龄人和大人真诚对话的公众场合，一块提高素质，展示风采的开心园地。

小学校长看小主人论坛

我非常高兴参加了《现代小学生》报和市儿童活动中心共同举办的"新世纪小主人论坛"的讨论。我觉得这个活动很有创意，棒极了！

小主人论坛让孩子们可以就自己关心的话题发表意见，与同伴们切磋；可以说出自己的感受，也可以是提出困惑。可以向长辈们提出建议，甚至可以说"不"。

孩子们可以根据自己的生活经验、思维方式提出对某些问题的看法，这些都有利于孩子们创新精神的培养，有利于培养他们的主人翁意识以及参与意识。

当然，当众发表自己的意见的能力，分析问题的能力，自信心的培养等等，都可以通过参加小主人论坛的活动得到培养。

小主人论坛好！祝小主人论坛越办越好！

（广州市小北路小学 黎屏雅校长）

领导期望

市教委领导姚继业伯伯在"小主人论坛"上回答小主持提问时提出："减负"就是为了让同学们更健康成长，学校更顺利地推进素质教育，"减负"不减质。让同学们有更大的空间、更多的时间发展个性，更好地学会学习、学会生活、学会做人，成为创造性人才。

老师，我们有话对你说

——第三期"新世纪小主人"论坛扫描

来源：现代小学生报　　时间：2000 年 10 月 12 日

日前，由本报和广州市儿童活动中心主办的第三期"新世纪小主人"论坛在热烈的气氛中开坛。

● 老师上课可以念错字，因为老师是人，也会存在一些错误，别把老师当神仙。

● 老师上课念错字，岂不是误人子弟，教坏人。

论坛由小品《老师》引出一个论题："老师上课可以念错别字吗？"于是广雅中学和市九十四中的同学唇枪舌剑，大家据理力争。真是公说公有理，婆说婆有理。这时，主持人只好请听众举手表达自己的意见。结果真有趣：大部分同学能原谅老师上课念错字，绝大部分家长却举手坚决反对老师上课念错字。最后，大家只好倾听发言。有一位同学说，"老师念错字，我就遇到过，我知道老师念错，表明我也知道正确答案，就怕老师念错而我不知道。"说得同学们哈哈大笑。

谈起老师的家访，主持有一段提示，说有的学生怕老师家访，因为有些老师家访常常会告些状，这样，家长笑脸送老师，怒容训子女。不料想，在座的学生谈起这个话题，让主持人大跌眼镜，几乎没有学生说怕老师家访，也很少有因老师家访挨打挨骂的。简直可以说主持人的提示多余。倒是许多同学讲了和老师成了朋友的故事。

"老师管理严格好，还是宽松好？"没有多少同学对这话题回应，大部分同学都另有想法……

当论坛说到"老师管理严格好，还是宽松好？"主持人又让观众表达自己的观点。支持"老师管理严格"、"宽松"的都只有几个同学，并且他们大部分是低年级学生。他们举的例子都是教自己的老师，例子很有些幽默。主持人很纳闷，问大部分同学为什么不举手，有人说："老师管理该严的时候就严，该松的时候就松。"说得大家连连点头。啊！主持人这才醒悟过来，原来，他遇到了一群很有自己思想的"新世纪小主人"。

（本报记者：春之　摄影：韩延）

"小主人"为老师而"战"

来源：现代小学生报 （广州市宝玉直街小学 卢乐君）

"小主人"论坛又开坛了，这一期的话题是：我心目中的老师。来自广雅中学、九十四中学、宝玉直街小学、丹桂里小学等学校的中小学生坐满了整个放映厅。

从宝玉直街小学表演的小品"老师念错字"后，就开始了广雅中学与九十四中学之间的辩论。他们分为正、反两方，每方派出五个同学。正方不允许老师念错字，而念错字后老师该不该认错？

台上的辩论很激烈。正、反两方为了一个论点而唇枪舌战，争论不休，面红耳赤，情绪激动，各自努力找论据说服对方。请看看以下精彩的对话：

正方：每个老师都是人，而不是神。如果他念错了字，应该向我们承认错误。但承认错误后，他的形象并没有在我的心中损毁，相反的是，我对他更加尊敬，更加爱护。我觉得这个老师的形象更加可亲、可敬，是一个值得我们爱，值得我们去崇拜的老师。

反方：国家教委不允许学生念错字，就更不允许老师念错字。在考试卷上，往往第一题考的是辩音字，这就更说明不允许老师念错字的。在历史上，没有一个老师仅仅因为他向学生认错而名留千古，反而用幽默的艺术语言，用现代公共关系学的方法，用智慧和灵巧的才华，在教育过程中解释过错，在世上留下美名。

论坛上，大小主持人做了一个有趣的调查，征询在座的家长是否允许老师念错字。答案是——否。小学生也不甘落后，他们也纷纷在台下发表自己的意见。

广雅中学的钟老师认为：新型的师生关系是平等的。在法律面前人人平等，在人格面前人人平等，因为老师是一个人，学生也是一个人，老师爱护学生，学生尊敬老师，都是在一个平等的基础上而进行的。传统的观念是尊师爱生，就是说学生应该尊敬老师，老师应该爱护学生，尊师听起来好像学生只有对老师尊敬的义务，老师是否也对学生尊敬呢？尊重在人格上互相平等是更重要的，我作为一名老师，追求我和学生之间的平等。

第 4 期

小主人论坛

—— 爸妈下岗了，你该怎么办？

来源：岭南少年报　时间：2002 年 4 月 23 日星期二

1. 以"平常心"看待爸妈下岗

这次参加"小主人论坛"讨论的，有不少是下岗职工的子女。他们对于爸妈下岗的问题，一定会有很多的想法。但是，在讨论之前，我们不免有点担心：究竟这些同学会不会因为话题比较"敏感"，不愿说出自己的心里话呢。

结果，现场的讨论却是意想不到的激烈，很多同学都争着举手发言。最让人感动的是，陶街小学的一位四年级同学，讨论开始后他就从后排座位跑到前排一直半蹲着，一有机会他就举手争取发言，积极得很呢。

其实，很多同学已经把下岗看作是一种很普通、很正常的社会现象，在他们周围就有不少同学的父母是下岗的。据芳草街小学统计，全校 392 位同学当中，父亲下岗的有 75 人，母亲下岗的有 94 人，而父母都下岗的有 35 人，下岗职工子女人数占全校总人数的 52.4 ％呢。

2. "爸妈下岗了，我要更懂事"

在"小主人论坛"上，同学们的发言让很多嘉宾、家长都觉得震动。因为年纪小小的他们不仅能够正确地看待父母下岗问题，还懂得为父母分忧。比如：和爸妈一起寻找下岗的原因，做一些力所能及的家务，努力学习让爸妈少操心等等。

前段时间，《岭南少年报》上刊登了一份关于"爸爸妈妈下岗了，你怎么办？"的调查问卷，在 3000 多份回收的问卷中，我们发现：

当"爸妈下岗后心情不佳时"，有 58 ％的同学表示会"帮忙做一点家务，减轻爸妈的家务负担"；而有 30 ％的同学表示会"主动跟爸妈聊天，逗他们开心"；只有 12 ％的同学采取比较消极的应对方法："不想呆在家里"或"避免和爸妈说话"。

3. 父母压力大　孩子不好过

通过这次"小主人论坛"活动，我们发现，同学们都关注到了一些下岗职工家庭出现的问题，比如父母下岗后脾气暴躁，冷落了孩子，一些家庭因为下岗而引发了家庭争端。

对于下岗家庭出现的种种问题，参加"小主人论坛"活动的广州市劳动保障局何志强叔叔说："父母下岗后，生活压力大，自然而然就会流露出悲观情绪，有时还会因为一些芝麻绿豆的小事而吵架。其实，这会对孩子的成长不利。所以建议家长尽量少点争吵，多点爱护孩子。"

4. 开始关注下岗职工子女

本次"小主人论坛"活动，得到了社会各界的关注。志愿军宣传小分队的爷爷奶奶从《岭南少年报》上知道有个"小主人论坛"，马上亲临活动现场，为同学表演小品《学电脑》，鼓励下岗职工子女帮爸妈寻求再就业途径。

芳草街小学的卢曼丽同学说："爸妈下岗了，不是什么大不了的事，我们也不应该为此而自卑。我们应该坦诚地面对这个问题，同时帮爸妈分担一些力所能及的家务。"

东圃小学的梁彤文同学说："在我身边确实有不少同学的父母下岗了，但我发现他们比以前更加努力学习，也没有因为父母下岗而觉得'低人一等'。"

陶街小学四年级的谭万杰同学说："以前我家里的冰箱有很多好吃的，爸妈下岗后就没有了。现在我每天都会自己煮饭，做做家务。"他还说："爸妈没下岗前不怎么觉得，现在感到如果不读好书，以后走上社会一样会被淘汰掉。"

西华路小学的梁静同学说："我会帮助家庭更困难的同学。我的妈妈也下岗了，现在我看到漂亮的衣服也不会缠着妈妈买了。有了对困难生活的感受，我开始懂得去关心他人。"

本期"小主人论坛"参与学校：西华路小学、登峰小学、瑞康路小学、芳草街小学、陶街小学、清水濠二小和广州市十七中学。

活动策划：陈武鹰、吴敏婷、符永光、陈小雄

第 11 期

小主人论坛
——我心目中的和谐社会、和谐家庭

"你心目中的和谐社区是怎样的？""对于创建和谐社区，你有什么好点子？""你认为怎样的家庭是和谐家庭？"……

12 月 16 日上午，广州市儿童活动中心与《岭南少年报》联合举办"小主人论坛"。来自全市各区 200 多位学生、家长和老师就如何"创建和谐社区、和谐家庭"出谋划策。究竟现场同学、老师和家长心目中的和谐社区、和谐家庭是怎样的，请看：

描绘心中的美好蓝图

在"小主人论坛"的现场，同学们描绘了一幅幅"和谐社区"的美好蓝图。桂花岗小学的一位男同学首先发言，他说和谐社区应该有良好的社会治安，大家互相谦让，遵守秩序不插队，不乱扔垃圾。景泰小学的一位同学补充说，和谐社区应该老人有老人的娱乐，小孩也有小孩自己的娱乐设施。汇源大街小学的同学还提出了社区环保问题。有家长指出，建设和谐社区过程中，要互相理解，互相包容，做到自律、自觉。

对于心目中的和谐家庭，大多数同学认为：应该是家庭成员之间互敬互爱，不争吵，讲道理。广州市华侨外国语学校的黄炜同学说："我心目中的和谐家庭，应该是尊重老人、关爱幼小，家庭成员和睦相处，遇事团结一致，没有家庭暴力。"珠光路小学的孙海霖同学说希望和谐家庭每个星期都过个家庭同乐日。

社区 "毒死狗" 各有各说法

讨论现场，同学们也谈到了社区中存在的一些不和谐的现象，比如不少人养宠物狗，而有些宠物狗又大又凶，见人就乱叫。为了防止宠物狗乱叫或咬人，有同学建议，狗主人应在宠物狗的嘴上套套子。还希望狗主人溜狗时，能够带一个胶袋，自觉把狗的粪便清理干净。

前段时间，番禺某小区楼盘内养狗成患，狗主人又不闻不问，以至邻里矛盾激发，5 条宠物狗一夜间被人毒死。这样做好不好呢？大部分同学都认为这样做太残忍了，

因为，狗是人类的好朋友，它能够帮主人看门口，帮警察抓小偷，非常忠诚。

也有同学认为，既然宠物狗已经影响到自己的生活，不毒死它，自己就可能受到伤害，所以支持毒死宠物狗。

一位家长则认为，因为狗的主人没有好好管教自己的狗，影响了他人正常的生活，才会导致宠物狗被毒死。所以，主持人特别提醒大家，养狗要遵守相关的法律法规，并定期带狗去打防疫针。

远亲不如近邻

接着，关于"和谐"的讨论又进入了一个新的问题。

俗话说"远亲不如近邻"。如果楼上的邻居穿木屐，经常发出扰人的噪音，住在楼下的你该怎么办呢？

对此，个别同学认为应该"以毒攻毒"，用木棍敲天花板进行回击。这个观点马上遭到现场同学的反对。

白云区集贤小学的刘校长更是现身说法。原来，刘校长也遇到过类似的事情。节假日的一天，刘校长因为身体不舒服在家休息，谁知，楼上搞装修吵个不停。刘校长一怒之下就找楼上的业主理论，结果双方吵了起来。事后，刘校长又一次敲开了楼上业主家的门。这次，她心平气和，并主动向对方道歉。邻居被刘校长感动了，最后还成了好朋友。

可见，遇到问题时，如果能够多从别人的角度想一想，宽于待人，就能互相体谅，化解矛盾。

《岭南少年报》刊登

2006 年 12 月 17 日 10：30 信息时报

时报讯 （记者 祝勇 通讯员 陈小雄 梁慕枝） 昨日，广州市儿童活动中心与《岭南少年报》联合举办"小主人论坛"，230 多名来自全市各校的小学生及部分家长、老师一起，说出自己心目中的和谐社区，并为创建和谐社区献计献策。孩子们天马行空的回答充满童稚和创意，让人忍俊不禁。

小学生深受不和谐其害

小学生心目中的"和谐社区"是什么模样呢？小学生们各抒己见：有人说和谐社区就是大家都有文化，都会学习；有人说和谐社区就是老人有老人的娱乐，孩子们也有自己的娱乐设施；一名来自珠光路小学的男生说，和谐社区就是没人抢东西，没有垃圾，停车场也不要乱停乱放，引起大家共鸣。

主持人又问，当前小区里存在哪些不和谐的现象呢？小学生们此时更是争先恐后举手抢答，或许大家都感到"深受其害"。珠光路小学一女生称，邻居间为一些小事吵架，乱扔垃圾，还有人破坏公共财物，这些都是不和谐的表现；还有同学表示，小区内养狗太多，又大又凶，而且见人就乱叫，回家路上见到了就害怕。

针对现在小区内宠物狗太多，存在吵闹、伤人及随地大小便等隐患影响到他人生活，小学生们有什么高招呢？"小狗喜欢乱叫是因为发情期，给它买个异性狗它就不会乱叫了！"一名小学女生认真地说。

支持"毒死宠物狗"

前段时间，番禺区某楼盘内养狗成患，狗主人又不闻不问，于是在一夜之间，小区内有5条宠物狗被人毒死。昨日，现场绝大多数小朋友对此表示反对，认为太残忍；同时也有三四名小朋友举双手赞成，这让现场不少老师和家长吃惊。

"我支持毒死宠物狗！"一名女生第一个举手站起来大声回答，引起台下一片哗然。这名小女生说，既然宠物狗已经影响到自己的生活，如果不毒死宠物狗，自己就可能受到伤害，所以支持把宠物狗毒死，这样就不会被它伤害。

还有名男生也表示支持，他认为，如果不给宠物狗东西吃，它就会乱叫，但如果给它东西吃，自己就少了东西，所以赞成把宠物狗毒死。

个别小学生稍显偏激

在论坛中发现，个别小学生的回答确实稍显偏激，这跟独生子女过于自我的心态有关。比如主持人问到"如果楼上邻居穿着拖鞋走发出噪音，你怎么办"时，就有个别小学生回答说，用木棍向天花板乱敲来回击，"以毒攻毒"。"我们应该互相谅解，化解矛盾来寻求和谐，而不能以毒攻毒，这样只会把事情弄得更糟糕。"现场主持老师表示，希望学生们学会关爱他人，关心社会。

"小市长"教"做人"：
做人要低调勿太张扬

信息来源：南方都市报　时间：2009 年 06 月 08 日

本报讯（记者梁茜 实习生严兰 通讯员梁慕枝）如何才能当上羊城"小市长"？如果被忌妒了，怎么办？昨天上午，"小主人论坛之第七届羊城'小市长'与你面对面"在市儿童活动中心举行，吴颖童等 10 名新上任的"小市长"们与现场小朋友共同分享自己当上"小市长"的感想和体会。

如果被忌妒了，该怎么办？优秀的"小市长"们分别以自己的亲身经历现场向大家支招："不要吝啬自己的赞美，要看到别人的优点，补足自己的缺点，大方赞美别人。"10 名"小市长"，妙语连珠引来台下小朋友的阵阵掌声以及家长、老师们的连连称赞。

信息来源：广州日报　时间：2009 年 06 月 08 日

本报讯（记者饶贞 通讯员梁慕枝）"当选羊城小市长后，有没有同学嫉妒你们呢？"、"我的乒乓球打得好，结果遭到大家的孤立，该怎么办呢？"昨日，10 位新鲜出炉的第七届羊城"小市长"做客广州市儿童活动中心的"小主人论坛"，与数百名广州孩子分享自己的成功经验，并现场解答孩子和家长提出的问题。

如何处理与同学和朋友的关系，对于十几岁的孩子来说，似乎比考试和比赛还要难。记者在昨日的活动现场就发现，不少孩子都有这方面的困惑和苦恼。观众中一位来自培正小学的小男生就苦恼地表示："我的乒乓球打得很好，结果好多同学都孤立我，不和我玩，让我觉得很孤单。"另一位孩子则困惑地说："我很想帮同学提高学习成绩，可是却遭到他的拒绝。"

对于这些同龄人的烦恼，10 名"小市长"似乎也很有共鸣，热心的他们纷纷拿出自己的"做人经"与现场孩子分享，一位小学组"小市长"就认真地说道："我觉得做人要低调，不能太张扬。"另一名"小市长"则开导同龄人，不应该因为他人的嫉妒，影响了自己的快乐，"做人应该拿得起放得下"。

第18期

仅有5%的孩子对自己暑假做主

来源：广州日报（大洋网）2011年07月04日 09：26

（记者黄蓉芳　通讯员梁慕枝、邓维蔚）昨日，在由广州市妇联、广州市文明办联合主办的"怎样过一个文明的暑假"小主人论坛上，两对母女在现场的"交锋"点燃了"孩子的暑假谁做主？"话题。

根据对现场200多名孩子的调查，完全由孩子自己做主的只有10人，完全由家长做主的也只有10人，其他大多数孩子表示是跟家长一起商量。

在昨天的论坛上，东风西小学一名小女生便站了起来："我妈妈说，如果这次考试考得好，我暑假想去哪儿玩都可以，可是，如果考得不好，那就哪也不能去。"她的话立刻引起了场内孩子们的共鸣。面对女儿的"控诉"，妈妈"被迫应战"。她解释道，家长都希望自己的孩子不要走弯路。

现场调查：仅5%的孩子自己做主

主持人在现场做了一个调查，发现在200余名孩子中，仅有10个孩子举手表示自己的暑假是自己做主。同时，也仅有10个左右的孩子举手表示，自己的暑假完全由父母做主，其他的孩子大多都表示跟父母商量。

在记者随访的15名家长中，有14名家长表示，孩子在暑假一定要先完成作业，学业与玩要兼顾，"不能光顾玩，玩散了心"。

而据记者现场调查，小学组的孩子大多希望能够"纯玩"；而中学生组的学生显然要"理智"一些。前不久当选羊城小市长的吴子旭"十分老成"地分析道，"因为现在的竞争实在是太激烈了，我要尽量把跟同学的距离缩得小一点，再小一点。"

老师观点：低年级孩子尽情地玩

广州市某小学一名不愿透露姓名的老师表示，现在学校和家长都陷入了一个误区，觉得如果放假孩子不学习，就会荒废了学业。该老师认为，让孩子在长假学习的方式有很多，并不一定用写作业或上补习班的方式。

小朋友这个暑假 **你想怎么过?**

来源：羊城晚报发布时间：2011 年 07 月 09 日

羊城晚报讯 （记者陈晓璇、实习生钟琳、通讯员梁慕枝）：又快放暑假了，可以怎样过一个文明的暑假? 3 日上午，第 18 期小主人论坛在市儿童活动中心举行，邀请了 10 位第八届羊城"小市长"共同探讨，近 200 名学生及家长齐聚一堂，展开激烈讨论。台上的"小市长"能言善辩，台下的学生和家长真诚互动，气氛热烈。

讨论中，有不少学生倡导绿色低碳的暑假出行计划，希望在兼顾课业之余走进大自然。有的学生认为微博是一个不错的网络平台，可以借此记录成长，分享暑期的快乐生活。

对于学生和家长普遍关心的暑期兴趣班这个话题，"小市长"给出的建议是希望学生应该改变兴趣班就是束缚自由的观念，让快乐与充实结合在一起，享受其中。

广州市儿童活动中心相关负责人表示，希望通过举办小主人论坛活动，促进政府、学校、社会、家长及学生的交流，倾听最真切的声音。同时，也力争回到原点，给孩子们一个快乐、文明的暑假。

广州"小主人论坛"开讲 *激辩见义勇为*

来源：广州日报 大洋新闻 时间：2011年11月14日

本报讯 （记者黄蓉芳 通讯员梁慕枝）见义到底要不要勇为？孩子说肯定要"勇为"，家长则认为不提倡没有价值的牺牲。昨日上午，由广州市儿童活动中心主办的"小主人论坛"就如何见义勇为及社会责任感等问题进行了讨论，由于观点不同，现场即有孩子跟家长打起了"口水仗"。

家长：见义勇为要看能力

"当我们见到路上有人摔倒了该怎么办？我们'见义'要不要'勇为'？"当主持人把这个问题一抛出来，便有很多小学生答，应该走上前去施以帮助，"见义"应该"勇为"。其中一个小学生说道："这是我们应该做的，也是我们民族的光荣传统，帮助别人是我们的美德。"不过，不少学生建议保留证据，免得被诬陷。也有孩子说会第一时间报警求助，寻求大人或者警察的帮助。

"我认为小学生的能力是有限的。我不反对见义勇为，但不提倡没有价值的牺牲。"对于孩子们"见义"要马上"勇为"的观点，现场即有家长提出异议。他说，见义勇为要看具体情况，不能一概而论。特别是小学生，连保护自己的能力都没有，谈何救别人呢？我们要做的必须是力所能及的。

现场的律师则认为，未成年人首先要学会保护自己，在有能力的情况下帮助别人才是好的选择。家长要及时更新教育方式，及时为孩子传授新的安全意识。

孩子：爸妈从不教安全

说到安全意识，马上有孩子"批判"家长只注重孩子的学习成绩，并不重视日常的安全教育，造成孩子安全意识的缺失。

中星小学的小学生说："爸爸妈妈平时跟我说得最多的是学习，他们只关心我的成绩，很少说到交通安全。"另一个孩子接着说："不仅仅是交通安全，其他的安全知识比如在家要记得关煤气、电器之类等，都需要家长告诉我们。"

现场的教育专家提醒家长，不要只关注孩子的学习成绩，因为孩子的健康成长是全方位的，任何一方面的教育缺失都会造成"产品"的不合格。

第20期

在 "小主人论坛" 上家长普遍认为

不宜过多提倡
小学生见义勇为

来源：南方日报　　时间：2011 年 11 月 15 日 星期二

南方日报讯 （记者 / 姚艺曲 实习生 / 范清刚 通讯员 / 梁慕枝）"我们见到路上有人摔倒了该怎么办？"在前日举行的"小主人论坛"上，来自中星小学、景泰小学等学校的学生、家长及专家对安全教育和见义勇为等问题展开了热烈讨论。在座的小学生普遍表示遇到紧急情况时会选择见义勇为。不过，家长就认为，毕竟小学生的能力有限，救助不当反而加重受害人的伤势，因此不宜在小学生面前过多提倡见义勇为。

专家提出，家长应以身作则，言传身教，因为孩子还没有辨别能力，家长就是他们生活中的榜样。

"我们遇见路上有人摔倒了该怎么办？"主持人提出了问题后，与会人员立即展开了"见义勇为"话题的热议。在场很多小学生均表示会选择见义勇为，立即上前扶起摔倒者。也有小学生表示会第一时间报警求助，或寻求大人的帮助。

不过，针对"见义勇为"的学生们，有家长就提出了担忧：我们不反对见义勇为，但我们不提倡没有价值的牺牲，毕竟小学生的能力非常有限。甚至连保护自己的能力都没有，谈何救别人呢？

有专家提出，"见义勇为要视情况而定，如遇到奄奄一息的受伤者，作为我们大人应该第一时间去帮助他们，这是社会责任。然而作为小孩子他们就没有这个能力，方法不当反而会伤害到受害人。"

有学生还提出，现在社会上很多见义勇为的行为反而变成了惹祸上身，实在不知道该不该去见义勇为。专家认为，实际上，并不是社会缺乏爱心，社会也并不是我们想象的那么冷漠，其实是我们自己的心理起作用，每个人都会觉得这个事情有人管，自己不必多管闲事，人人有责的后果就是人人无责，也正是社会上出现了一些不好的现象，使得我们不得不面对道德的拷问。

羊城小主人反思小悦悦事件
——"我们儿童不会像大人想太多"

来源：羊城晚报　　时间：2011 年 11 月 18 日

"如果他让我赔钱，我会赔，因为救人是人的天性。""我觉得我会第一时间去扶他，因为我认为我们现在少年儿童的心灵、品质是最好的，不像有些大人会想得太多"。

近日，广州儿童活动中心、金羊网等联合举行了"小悦悦事件给我们的启示"小主人论坛，来自白云区景泰小学、越秀区中星小学和《岭南少年报》的"小记者"们用他们略显幼稚但绝对认真的言语展开了激烈的探讨。

近 200 多个学生齐聚儿童活动中心，论坛围绕"面对需要帮助的人是帮还是不帮，是否害怕被反咬一口"的主题展开，孩子们认真而不失童真的话语让现场观众屡屡拍手叫好。

"看到有人摔倒，你第一时间想到的是什么？"面对这样的一个问题，有孩子表示会第一时间把他扶起来，来自《岭南少年报》的一位小记者说："我会第一时间去救他，如果他赖上说我弄伤他的话，我就会找交警拿街道摄像头拍下来的那些录像。"有学生表示在救助之前会先找一点证据，到时候他冤枉自己的时候，就可以拿出证据来证明自己是清白。也有学生说："我感觉说不会去扶的话，并不是一个人道德不好，你换位思考一下，这个人是为了自身的安全，要是那个人冤枉他，那他怎么办呢？"

中国科学院心理研究所儿童心理研究会会员冯德泉认为，未成年人其实并没有这个能力去帮助那些受伤的人，特别是受伤比较严重的人，因此第一时间要打求助电话，这是应该做得到的，他希望孩子们也要在新的时期学习新的方法去帮助别人，同时希望这份爱心能够延续下去，让社会形成良好的氛围。

（记者：周金满 陈晓璇　通讯员：梁慕枝）

第23期

"小主人" 热议垃圾分类

南方日报讯 （记者／彭文蕊 通讯员／梁慕枝 邓维蔚）

昨日，在广州市城管委分类管理处、广州市儿童活动中心等举办的第23期"小主人论坛"上，如何参与垃圾分类成为"小主人"热议的话题。

论坛邀请了环市路小学、回民小学的100多位小学生参与。现场，"小主人"们显然是有备而来，面对各种有关垃圾分类的问题和建议，回答起来毫不含糊。据了解，广州市每天产生了1.8万吨垃圾，广州正面临"垃圾围城"的困境。谈及如何缓解这一问题，第八届羊城"小市长"李昱雯现场向大家介绍了垃圾减量"5R"原则：Reduce（减少丢弃的垃圾量）、Recycle（回收使用再生产品）、Repair（重视维修保养，延长物品使用寿命）、Refuse（拒绝无环保观念产品）、Reuse（重复使用产品）。

"在家庭垃圾分类中，小朋友是重要的倡导者和实践者。"广州市儿童活动中心有关负责人介绍说，通过倾听孩子们的心声，不仅可以让孩子从小养成对垃圾分类投放的习惯，还可以让更多的家长重视垃圾分类。

来源：羊城地铁报 大洋新闻 时间：2012-12-17

"能卖就去卖、有害单独放、干湿要分开"、"必须把有害垃圾进行分类投放、收集、运输和处理，定时、定点专车收运"……昨日，在广州市儿童活动中心举办的第23期"小主人论坛"上，环市路小学和回民小学的100多位"小主人"纷纷为"垃圾分类"表明自己的行动，并为垃圾分类提出建议。同时，主办方特意授予"环保达人"称号10名、环保积极分子20名、"优秀志愿者"10名，鼓励更多孩子参与"中心"垃圾分类的活动以及志愿服务中来。（记者 谢菁菁）

第 24 期

小学生称宁愿留作业 否则家长会报更多班

"小主人论坛"热议教育部"减负十条规定"

来源：广州日报　　时间：2013 年 09 月 24 日

文／记者黎蘅　实习生方浩娜　通讯员梁慕枝

教育部近期出台的《小学生减负十条规定》(征求意见稿)(下简称"减负十条")引发社会热议。日前，在广州市儿童活动中心举办的"小学生减负大家谈"小主人论坛上，150 名学生和家长，踊跃表达了对"减负十条"的看法。

"孩子们，你们觉得自己的作业负担重不重啊？"面对主持人的提问，现场齐刷刷举起很多小手。

"语数英三科中，英语作业最多。做完老师的作业，还要做家长布置的很多作业。"一名五年级的学生在论坛上感慨："作业永远做不完。"

面对孩子流露的真实心声，小孩的妈妈在现场回应，说到动容处，几度哽咽落泪。"我留的家庭作业比较重，比较多。小孩转学时英语成绩不佳，整个暑假阶段，他白天上补习班，晚上去医院打吊针。平时周六，也一直在补课。每天完成老师的功课后，我会附加语数英的家庭作业，听写英语单词，听写不好就罚抄。我想跟小孩说声'对不起'，作为妈妈，应该反省自己，给孩子一个愉快的童年。"

对于"不留书面作业"的规定，现场过半数的学生纷纷拍手称快，但也有不少同学表示反对。"不留作业，肯定有更多的兴趣班。"东风东路一位小学生的发言获得现场很多小学生的共鸣："只要不留作业，家长就会报更多的补习班，这样负担会更重。"

广州家庭教育讲师团讲师、儿童心理学家晏秀祥：

家长要加强对减负的认识，家长若不明白减负的意义，十条规定难以推行。中小学的很多课程是符号，文字是符号、公式是符号，用符号解释符号，无论怎么学，都是符号。家庭要充分让孩子把学校学的符号与实物建立联系。

小主人论坛议 **"减负"**，小学生当场投诉

课业压力大，逼孩子补习家长很心疼

来源：南方日报 　2013 年 09 月 16 日 08:56:07

南方日报讯 （记者 / 彭文蕊 实习生 / 张曼双）

"我给孩子的课业确实很重，一次孩子发烧到 39 度，仍坚持去上课也没有怨言，我觉得愧对孩子。"昨日，在以"小学生减负"为主题的小主人论坛上，近一半的孩子认为课业压力大，且认为压力多来自于父母。现场，一名母亲谈及孩子的课业负担时甚至当场落泪。

大多学生认为压力源自父母

"其实老师布置的作业，我一般一个小时或半个小时就可以做完，但是做完学校的作业还要做我妈妈布置的作业，经常要做到晚上 11 点。"一名来自东风东路小学五年级的学生抱怨说作业实在太多。

昨日，来自登峰小学、东风东路小学、集贤小学等学校的 150 名小学生与 30 名岭南少年报的小记者们，针对减负的话题展开了激烈的讨论。虽然大家对减负的看法各有不同，但记者观察发现，几乎有一半的小学生表示课业压力大，且大多数孩子认为其压力多来自于父母。

"每天回家都要学英语，周末要上 6 个补习班，完全没有玩耍的时间。"来自登峰小学三年级的一名学生也认为，每天爸爸妈妈布置的作业太多，还要上各种兴趣班。

家长愧疚让孩子上补习班

面对孩子们对家长的抱怨，现场不少家长也坦诚自己的确给了孩子很大压力，但多是由于升学压力、教育环境所致。

"我给孩子的课业确实很重，暑假期间几乎天天去上英语课，风雨无阻，有一次孩子发烧到39度了，仍坚持去上课。"一名五年级学生的家长，一开口便有些哽咽。"每次看着孩子那么小，假期还要背着书包去上学，几乎没有了娱乐时间，孩子都没有一丝怨言，我就觉得自己很愧对孩子。"说到这里，这位母亲刷地留下了眼泪。

看到妈妈的真情流露，五年级的女儿站起来，红着眼睛对妈妈说："我理解妈妈的心思，我会把英语学好的。"随后，母女二人流着泪拥抱在了一起，原本嘈杂的现场也因这一幕突然安静了下来。

另一名东风东小学四年级学生的母亲认为，让自己孩子去参加兴趣班也是不得已之举。"现在升学压力这么大，很多考试内容都是超纲的，不补习就考不上啊。"

■专家呼吁

多方面落实小学生减负

"小学生减不减负，不应该只在于表态，而应该是一种实际行动。我支持减负，但减负需要各界来帮忙，小学生、家长、学校、社会各方面都应配合起来一起实现这项政策。"教育心理学专家、家庭教育咨询专家晏秀祥认为，帮助小学生减负需要从五个方面着手：

第一，学校必须有相应的配套措施来帮助减负，比如调整教学计划与教学内容；第二，不能让分数成为衡量一切的标准，希望教育局与相关部门能够实施一些措施来改变现在以分数论成败的方式；第三，需要教育资源达到平衡，取消所谓的重点制，让每个学校都能有优质的教育资源；第四，就在于评价学生能力的标准要有所改变，使小升初、初升高甚至高考不与小学减负脱离，而相互联系起来；第五，需要提升家长们对于减负的认识，不要让学习成为孩子们的负担。

第 24 期

市儿童活动中心第 24 期小主人论坛活动

讨论"十条军规"

■新快报记者 董芳 通讯员 穗妇宣

8月22日，教育部出台《小学生减负十条规定》（征求意见稿），内容涉及小学生入学、分班、考试及家庭作业等。此"十条军规"一出，立即引发各方关注。昨天上午，市儿童活动中心举行第24期小主人论坛活动，学生、家长、老师、教育专家等齐聚市儿童活动中心，针对"小学生应如何减负"进行主题探讨。

●现场

学生：家长比学校布置得还多

"既然是谈小学生减负的问题，那就一定要听听小学生们的心声"。昨天上午，市儿童活动中心邀请了来自集贤小学、登峰小学以及东风东路小学的 150 名小学生到场参与讨论。

主持人问"现在课业负担重吗？"时，现场"呼啦"一下小手林立。一名五年级的女生表示，"每个星期做完老师布置的，还要做家长的，感觉很多。尤其是英语作业多。""学校给得多，还是家长给得多？""家长。"

谈到课业负担，有刚升入省实的初一新生表示，所谓负担，其实是自己和自己较劲的压力。"我的家人很民主，如果我不想上补习班就不去，但小升初的择校考试中，有很多奥数题和超纲的英语题，不补习怎么行？"

家长："我想对孩子说对不起！"

此时，主持人表示想听听家长们的意见。发言的五年级女生的妈妈接过了话筒。"我留的家庭作业比较多，尤其是暑假阶段。"这位妈妈说，女儿在 7 月 5 日参加临时考试，英语考了 76 分没有过关，于是在完成老师的功课后，她会给

女儿布置英语、数学、语文等，"我每天都要给她听写英语单词，听写不好，就会罚抄。女儿整个暑假一天都没有休息。发烧到了39度，白天上完补习班，晚上去医院打吊针"。说着说着，这位

母亲开始哽咽，"我想对孩子说对不起！现在国家出台小学生减负措施，作为妈妈，我要反省一下自己。"

"妈妈，我会好好学英语。"母亲抱住女儿，相拥而泣。

●专家：小升初要和减负接轨

对此，广州市家庭教育讲师团专家晏秀祥表示，教育部推出减负政策之后，必须要有相应的配套政策，"要调整教学计划，调整教学内容"，将小升初与小学生减负接轨。

此外，晏秀祥建议不要只用分数来评价学生，绑架学生，给学生和家长过多心理压力。"学校考语文考数学，但没有学校考孩子的号召力，有一些孩子学习成绩不好，但手一挥，大家都会跟他走，这样的孩子未来会成为大老板。"他认为家长要加强对于减负的认识，家长不明白减负的意义，推行起来也很难。

就算学校减负了，妈妈还是会让我上补习班

来源：羊城晚报　2013 年 09 月 16 日

孩子诉负担重，妈妈现场道歉，尽释前嫌的母女俩拥抱在一起

文／图 羊城晚报　记者 陈晓璇 通讯员 梁慕枝

"如果学校不布置作业，妈妈会让我参加补习班，那样负担会更重。"15 日上午，一场"减负大家谈"在广州市儿童活动中心举办的《小主人论坛》热闹展开。来自东风东路小学、集贤小学和登峰小学的学生们，以主人翁的身份道出了对减负的诸多意见。

"我每周有 4 个兴趣班，还有合唱团"

论坛上，主持人现场做了关于"减负十条"的调查，孩子们在老师、家长不在场的环境下，都大胆地说出了自己课业负担的实情。

"我的作业好多，数都数不清。"一位小女孩首先站起来，怯怯地说，"上一年暑假我做了 5 本语文、2 本数学、1 本英语、1 本综合……"她刚说完，全场一片嘘声。

"我的家庭作业非常重，写完作业要做很多课外班的练习卷，还要背很多课外的内容，每天晚上都要做到 11 点才睡觉。"东风东路小学一位小学生也诉苦。

"我每个星期有 4 个兴趣班，还有合唱团。""我周末写完作业想玩一会儿，但周六下午还要去上毛笔课，晚上又赶去上跳舞课。"……好几个小学生都直诉自己的课外负担很重。

听到孩子们把矛头指向家长，主持人邀请到场的家长做回应。有一个妈妈大胆站起来，"我给孩子布置的家庭作业比较多，尤其是暑假，她的英语成绩不太好，整个暑假都在上补习班，一天都没有休息。发烧到 39℃，白天上课晚上去医院打吊针。"妈妈的声音开始哽咽，"我想跟孩子说对不起！"她说，有一次刮台风，她对女儿说不要去补习了，但女儿还是自己背着书包乖乖去上学。"孩子每天除了完成老师的功课，我会附加英语、数学、语文，我每天都要她听写英语单词，听写不好就会罚抄。现在国家出台小学生减负措施，我作为妈妈应该反省自己，给她一个愉快的

童年。"

原来这位妈妈的孩子就是刚才站出来诉苦的学生之一，听到妈妈的回应，她站起来哭着说，"妈妈，我会学好英语。"说完这话，母女抱在一起哭成一团。

"博尔特每次起跑都输，但最后总会赢"

记者了解到，其实很多学校已开始给学生减负。"我们学校的作业，大多数半个小时或一个小时就能做完。"东风东路小学大队辅导员张缨老师说，很多负担是家长给予的，自己作为家长也能理解。"家长的思维是：我的孩子不能输在起跑线上，不能输给其他的孩子，所以要给孩子额外的作业。"张缨表示，减负之所以难以实行，是因为关系到教育体制的问题，如果小学做好"十条减负"，家长会担心到初中、高中、大学怎么办。

"就算学校减负了，妈妈还是会让我上补习班。"现场很多孩子如是表示。有个学生说，他考试考了第二名，只比第一名差了 0.5 分，但回家就被父母骂了一个小时。

"并不支持学校不留书面家庭作业"

所以对于"减负十条"当中的取消百分制，很多小学生举双手赞同。"如果取消百分制，那我考不到 100 分，也无所谓。"不过，也有学生表示，如果没有百分制，就不知道自己对知识的掌握程度。

有小市长表示，并不支持学校不留书面家庭作业，因为做作业能复习课堂上的内容，老师批改过程中也能发现自己的漏洞，老师可以适当地进行辅导。"现在我们很多时候都布置电脑作业，我常常提笔忘字。"有东风东路小学学生表示，汉字是中国的文化，书面作业是必不可少的。

"要减负，第一个要配合的是学生自己，如果减负后的自由时间做不利于学习的事情，后果不堪设想；第二个要配合的是家长，如果减负后家长给我们报大量的补习班，反而会加重负担；第三个要配合的是学校，学校如果在特定时间补课，减负也没办法实施。"有学生如是分析。

第 25 期

小主人论坛——压岁钱去哪里了?

来源：广州日报　大洋新闻 时间：2014 年 03 月 03 日

"小主人论坛"上孩子们与家长热议压岁钱怎么花

本报讯（记者申卉、卢文洁 通讯员邓维蔚）春节的压岁钱让不少孩子变身"小土豪"——昨天广州市儿童活动中心举办的"压岁钱去哪里了"小主人论坛发起现场调查，200 多名小学生超八成压岁钱千元以上，1/3 孩子的压岁钱超过 5000 元，有 10 多名小学生的压岁钱高达上万元。面对孩子们的压岁钱直接被家长"没收"的吐槽，家长们解释并非"没收"，而是"代管"，希望借此给孩子树立理财观。

孩子：压岁钱来也匆匆去也匆匆

虽然这样一笔"巨款"摆在孩子面前，但几乎所有孩子都无法随心所欲地支配这笔钱，而是必须大部分上缴。其中近 1/3 孩子的压岁钱甚至是一个子儿也不留，全数上缴。

"就像朱自清先生写的《匆匆》一样，我们的压岁钱同样是来也匆匆，去也匆匆。"来自广州市华侨外国语学校 6 年级学生韩戈雅特的一席话，引起现

场孩子议论纷纷："我才摸了摸红包的皮，就得马上交给妈妈。""每次到要交红包的时候，我都特别失望。"

但也有学生支持全部上缴："叔叔阿姨把压岁钱给我们，爸妈也要'还'给他们的孩子，如果不交给爸妈，他们真得大出血了。"贴心的一席话让不少父母连连点头。

家长：并非"没收"而是"代管"

面对"压岁钱去哪儿"的疑问，韩戈雅特的妈妈解释，她并非"没收"压岁钱，而是帮孩子"代为管理"，她已经将儿子的压岁钱存在专门的银行账户中，8 年下来已有上万元。"他如果有需要可以向我申请。"韩妈妈说。

这样的做法博得现场不少家长的支持。"这既然是孩子的钱，应该由他们支配，但家长要起引导作用，让孩子学会理财。"家长张女士说，她 10 岁的女儿今年收到近 8000 元压岁钱，其中 7000 元她帮女儿存进银行做理财投资。她说这样做是希望孩子能尝试管理自己的压岁钱。

声音：压岁钱所有权归孩子

时事评论员司马春秋认为，从法律上说，给压岁钱是一种赠予，孩子收到压岁钱，就拥有该财产所有权。但由于大部分少年儿童属于无民事行为能力或限制民事行为能力人，没有独立的财产处分权力，应当由监护人代为处分，因此父母可以无条件收走所有压岁钱。但"即使是这样，这些上缴的钱必须是为孩子的利益花掉的"。

司马春秋建议，家长应帮助孩子合理处置压岁钱，共同制订"家庭储蓄计划"，并留一小部分让孩子自行使用，有助于孩子从小树立良好的理财观。

第 25 期

羊城小主人论坛现场调查压岁钱，近半孩子超 5000 元，12 岁学生压岁钱存款超 20 万元

稿源：[南方都市报]　日期：[2014 年 3 月 3 日]

南都讯（记者李拉 实习生刘亚丹 通讯员邓维蔚）　日前，花都 6 岁孩童持万元压岁钱买电动车送 10 岁女友引人关注。昨日，200 多位小学生参与羊城小主人论坛，讨论"压岁钱去哪儿了"。据不完全统计，现场近一半的学生压岁钱在 5000 元以上，一名 12 岁小男生甚至表示压岁钱存款早已超过 20 万元。

到场的 200 多位小学生绝大多数举手表示今年春节收到了压岁钱，其中近一半学生压岁钱在 5000 元以上，过一万元的也有 10 多人。这笔钱，孩子们都用到了哪？大部分学生选择把压岁钱存起来。记者注意到，小学生已有很强的理财观念，第九届羊城"小市长"张熹就建议大家把钱存在网上的"余额宝"，"吃利息，钱上加钱"。

不过，学生们的压岁钱多数还是在父母的指导下分配。时事评论员司马春秋表示，从法律上讲，父母是有权支配孩子压岁钱的，但是让孩子尝试管理压岁钱也是重要的功课。

压岁钱做理财还是做公益？

市儿童活动中心邀 200 名儿童讨论钱该用在哪儿

来源：南方报网—南方日报　　2014 年 03 月 03 日

南方日报讯（记者 / 马喜生 通讯员 / 邓维蔚）"大人给压岁钱是证明自己很大方，不给显得很小气。""我列出一份用钱的购物清单，其余的压岁钱全部给爸妈，大人要礼尚往来，不然家长的钱包会'大出血'。"昨天，广州儿童活动中心邀请 200 名小学生讨论"压岁钱去哪儿了"，学生哥纷纷说出心里话，引来阵阵笑声，现场点评嘉宾司马春秋说："今天我把一年的笑点都笑完了。"

压岁钱近半存银行

今年元宵节，媒体报道广州花都区的一名 6 岁男童要用 1 万元压岁钱买一辆电动车送给 10 岁的"女友"，结果被老板娘婉拒。压岁钱该怎么使用引发了家长和孩

子的集体讨论。

在现场，几乎全部学生都称春节收到超过 1000 元压岁钱，有近 10 名小学生自称压岁钱超过 1 万元。惠福西小学一位小学生说："家长说把压岁钱都存在银行了，但是到底有没有存进去我就不知道了，我希望他们可以把存折拿给我看看。"主持人听完大笑，问："今天你的家长到现场了吗？""爸妈都没有来，家长不在我才敢说。"这位学生一本正经地说。

一位小学生大胆地说："我爸妈说，大部分压岁钱拿出来给别人封红包了，剩下的已经帮我存进银行，我想用朱自清散文《匆匆》的一句话提问，为什么我们的压岁钱一去不复返呢？"家长马上回应："平时小孩要买什么东西我都能够满足他，压岁钱用完了，我们更要贴钱的。"

小学生将部分钱用于爱心捐赠

"压岁钱去哪儿了"绕不开小学生对压岁钱支配意愿的讨论。

昨天，约 30 名学生表示压岁钱无条件上交给家长；近半数小学生表示，压岁钱最终用于添购文具、报名兴趣班、过生日买礼物，甚至有小学生回答会将一部分压岁钱用于爱心捐赠。近 1/3 的小学生希望，家长能够拿出一半的压岁钱给他们买"想买的东西"。

东风东路小学一位女学生说，她把压岁钱用于投资金币，保持压岁钱增值。第九届羊城"小市长"张熹则透露他的压岁钱理财之道："我建议大家把压岁钱存入余额宝，利息要比银行存款高得多，还可以网购到平常需要的东西，可以说是一举两得。"

一位男学生说，他赞同把压岁钱交给家长保管，"我自己没有理财的能力，家长也会把钱用到我报兴趣班上。"一位一年级的小学生说："妈妈把我的压岁钱存起来，长大了以后取出来买房子"。主持人逗她："存进银行的钱要是贬值了怎么办？""那我就继续赚钱呗。"小朋友回答道。

一位家长透露，给压岁钱是一种传统习俗，虽然钱最终回流到家长手里，但是平时只要孩子提出用钱的欲望，家长一般会满足。"我会让孩子列一张购物清单，要求合理的我们都用压岁钱去买。"

律师建议家长用钱要充分尊重孩子的想法

"认为压岁钱属于自己的请举手？"点评嘉宾、广东易春秋律师事务所主任司马春秋在现场提问。"很好，大概有 30 位小朋友举手。按照我们国家的法律，家长把钱给了你，钱就属于你自己的。"

"有多少小朋友认为家长可以无条件拿走压岁钱？"司马春秋接着提问。现场约有 20 位小学生犹犹豫豫地举手。司马春秋解释："从法律的角度来说，家长可以无条件收走压岁钱，因为家长养育孩子的每一分钟都在花钱，家长可以使用孩子的压岁钱。即使'压岁钱一去不复返'，也是有法可依的。"

不过，司马春秋提议，日常生活中家长大多希望利用压岁钱来培养孩子的学习兴趣和理财习惯，"但是，家长要充分尊重孩子的想法，用压岁钱前双方要沟通，把钱用好、用舒服。"惠福西路小学校长朱思红说，压岁钱需要提早规划巧打理，她建议家长和孩子可以尝试新方法——把压岁钱捐给公益活动，帮助更多需要的人，让压岁钱传递出正能量。

羊城 "小市长"：压岁钱存余额宝

来源：信息时报　大洋新闻 时间：2014 年 03 月 03 日

信息时报讯（记者 郭苏莹 通讯员 邓维蔚）马年春节刚过，如何使用压岁钱成为社会热议话题。昨日，由广州市儿童活动中心主办的小主人论坛以"压岁钱去哪里了"为主题，邀请"羊城小主人"、家长和教育专家共聚一堂进行讨论。论坛上，超过一半的孩子表示，今年过年收到超过 5000 元的压岁钱，而"巨款"如何花？羊城"小市长"则建议大家将压岁钱放余额宝，"钱上生钱"。

"小主人"要"自主权"

新学期伊始，"压岁钱"成为不少孩子交流的热门话题。昨日，在论坛现场，来自广州市东风东路小学、惠福西小学、华侨外国语学校等 200 多位羊城"小主人"踊跃参与讨论。

据现场调查，超过一半的小学生收到 5000 元以上的压岁钱，而压岁钱在 1 万元左右的约有十几名。得到如此"巨款"，如何支配？"上交给爸妈保管，她说等我长大了再给我"成为不少孩子的回答。为呼吁压岁钱支配"自主权"，现场一名小学生甚至套用朱自清《背影》里的句式，大呼，"为什么我们的压岁钱一去不返？我不知何时再能与它相见。"

"巨款"怎么花？

"作为家长，可以让孩子通过压岁钱的方式参与到教育金储备中，帮他们树立初步理财观，一起规划使用方向。"在现场，不少家长表示支持孩子尝试管理压岁钱，但也有家长表示，担心自控能力差的孩子染上乱花钱的习惯。

对此，不少孩子童言童语表"决心"，来自东风西路小学的第九届"羊城小市长"张熹则如小大人般建议，"压岁钱可拿出一部分放余额宝，存在网上可以有很高的利息，比活期存款高很多，可以让钱上生钱。此外，另外一部分也能用来给慈善机构捐助、给老师父母送小礼物。"

压岁钱传播正能量

对此，时事评论员司马春秋表示，家长帮助孩子合理规划，不仅可以使压岁钱更有意义，还能帮孩子树立正确的理财观。

他建议，父母和孩子可以通过参加捐利是、利是封再回收等公益方式帮助到需要的人，让孩子通过压岁钱规划拒绝攀比，传递正能量。

"小主人论坛" 200 多个羊城娃发声
—— 我的压岁钱我做主

来源：羊城晚报　　2014 年 03 月 07 日 星期五

羊城晚报讯（记者丰西西、通讯员邓维蔚）　"我过年收了很多压岁钱，爸爸给的红包最大，我全部存在银行啦！"近日，广州市儿童活动中心举办的一场主题为"压岁钱去哪里了"的"羊城小主人论坛"上，7 岁的陈蔚宁小朋友迫不及待地跟朋友们交流。

当天的论坛邀请了来自东风东路小学、惠福西路小学及华侨外国语学校等 200 多位"羊城小主人"，现场氛围热烈，孩子们妙语连珠。

"妈妈说存压岁钱以后买房"

据现场统计，八成以上孩子今年的压岁钱超过 1000 元，其中约三分之一的孩子压岁钱高达 5000 元，还有十几名孩子的压岁钱超过 10000 元！

"我的压岁钱让妈妈收走了！她说留给我以后买房用！"正在读一年级的康康（化名）大声地告诉记者。"可等存到那时，房价也好高啦……"面对旁边同学的起哄，康康想了想，小声说："再赚。"现场和康康一样压岁钱被父母收走的孩子占了三分之一左右。近九成受访孩子现场呼吁压岁钱由自己保管。

8 岁的赖瑜桐特别希望自己能拥有压岁钱的一半使用权，她的爸爸也在现场表示愿意"放权"，希望她能合理地安排使用。

"压岁钱如何用？我想自己做主"

和大多数小伙伴希望能自由支配压岁钱的观点不同，张熹认为将压岁钱交给父母保管更有安全感。但 11 岁的陈震并不认同："压岁钱可以交由爸妈保管，但真正拥有使用权的应该是孩子，我们有决定的权利。"

看着孩子们热烈地讨论，东风东路小学一位家长杨女士认为，家长应该引导孩子合理支配压岁钱，"要锻炼她作决定的能力，新时代的家长要注重培养孩子的自主意识。"

时事评论员司马春秋则表示，孩子们的压岁钱要自己作规划，家长也可以就此培养孩子的理财意识，有助于孩子从小树立良好的理财观。他还建议，父母和孩子可以通过参与捐利是、利是封再回收等公益活动，帮助有需要的人，让压岁钱传递正能量。

第26期

阳光小主人 论坛话文明

来源： 广州教育网　撰写时间：2014 年 10 月 22 日

2014 年 10 月 19 日上午 9 时在广州市儿童活动中心，来自广州市越秀区小北路小学和东风西路小学的同学们以及《岭南少年报》的小记者们如期举行了第 26 期小主人论坛活动。本次论坛以"践行社会主义核心价值观之文明大家谈"为题，倾听孩子的心声，碰撞彼此的思想，传播正能量的文明价值观。

首先，由广州市儿童活动中心刘武副主任致词。刘主任提出"文明在你我的一言一行中，作为羊城的小主人，对于文明，你是怎么理解的，又是怎么样做的呢？"同时给同学们提出了探讨和交流时的要求，希望大家"看法和观点要有交锋，要有思考讨论，小主人论坛活动是一个锻炼思维和表达的平台，希望通过这次活动，同学们能学会反思和总结，能有所收获和提高。"

在活动过程中，围绕"文明"这个话题，小北路小学的孩子们积极踊跃地发言，列举身边不文明的现象，如：随意乱扔果皮、公共场合大声喧哗、垃圾投放不分类、不排队上车、闯红灯等。而对于一些不理解文明的现象，同学们妙语连珠，一个接一个的精彩发言、鲜明的观点博得了大家阵阵热烈的掌声。孩子们的精彩表现也与学校长期坚持并有效落实德育工作是分不开的，润物无声，将德育渗透在每一个教育细节中。小北路小学的徐虹主任对于文明这个话题，阐述了自己精彩的见解。她说："第一，文明体现了个人的素质和修养，是自己的一张独特的名片。第二，践行文明能够维护个人、集体和国家荣誉。第三，文明是一道亮丽的风景线。践行文明是一个社会进步的标志。希望同学们能用文明的行为来为自己、为他人、为国家创设一个文明的环境。"赢得了在场的同学和嘉宾们的一致赞许和认同。

最后，广州市文明办的李处长就今天讨论的主题，提出三点要求：知、行、恒。即在知道什么是文明的基础上，要知行合一，将文明落实到我们具体的行动中去，并持之以恒地去做好。来自华南师范大学的教授也肯定了知行合一的观点，并提出文明是社会主义核心价值观的基础，希望同学们能真正做到言由心生，严于律己，做一个文明的小公民。

第 27 期

广州 36 所中小学开设金融理财课

小学生热议财商教育

来源：羊城晚报　　2015 年 10 月 01 日　　09：29：00

今年 9 月开始，广州市 30 多所中小学试点开设金融理财课。上个周末，由广州市儿童活动中心、羊城晚报学生记者俱乐部联合举办的第 27 期小主人论坛首次走进乡镇，走进广州华美（番禺）乡村儿童活动中心，来自广州城区和乡村的孩子们共同热议财商教育话题。

小学生笑谈金钱问题

据了解，"钱是从哪里来的？"是小学金融理财课的第一节课。小主人论坛的高潮便是从这个问题引起的。"钱是挣出来的"、"钱是印出来的"、"钱是红包拆出来的"……记者发现，小学生们对钱的诞生有无数新奇的想法，在他们心中并没有标准的答案。

不过，虽然不知钱具体从哪里来的，但小学生们却都有过有钱的经历，多数来自于压岁钱。现场，有不少人表示，自己的压岁钱一拿到手都被父母"接管"，心碎一地。不过，也有处理得比较好的。比如小市长肖睿跟爸妈协调后，每年有 200 元钱零花钱，可以用来买文具，也可以积攒起来买想买的东西。

小市长李睿童则介绍，他把自己一小部分的压岁钱存在固定的存钱箱里，做一个账目本，把数据登记在上面，使自己清楚的了解钱的流向，学会计划用钱，科学理财，把钱用在有意义的事上。

孩子做家务，该不该给钱？这也是一个争议性的问题。在论坛现场，不少小朋友坦言，自己都有做家务赚钱的经历。"洗一次碗一元钱，拖一次地一元钱……"来自黄花小学的小记者说。

"理财课最好有趣一点"

说到学校要开金融理财课，很多小学生表示不想死板地上课，而是要有游戏和活动的形式。"我认为小学生学金融理财不求专业性、理论性和系统性，但是一定要有科学性、知识性和趣味性。"在场的小记者张同学说，金融理财课要让同学们觉得非常有趣和好玩，"老师不要拿一些理论和原理吓唬我们"。

"在外国一些发达国家，财商是必修的课程，但是在中国几乎是空白的，所以我认为金融理财课对小学生也好，中学生也好。理财对我们的身心健康是非常重要的。"儿童心理学专家晏秀祥表示，人格健全需要智商、情商和财商。应该让小朋友知道钱从哪里来的，钱怎么花，要让他们做金钱的主人，不是做金钱的奴隶。

（羊城晚报记者 陈晓璇 通讯员 梁慕枝）

第28期

家长"藤条焖猪肉"侵犯儿童权益

来源：羊城晚报

2015 年 11 月 18 日 14：27

11 月 20 日是国际儿童日。上个周末，由广州市儿童活动中心、《羊城晚报》学生记者俱乐部联合举办的第 28 期小主人论坛走进花都区儿童活动中心，给那里的孩子生动地上了"乡村儿童的安全和保护"一课。

乡村孩子安全隐患比较多

广州华美(花都区)儿童活动中心，是广州市妇联打造6个乡村儿童活动中心之一，设在华东镇九湖村的王氏大宗祠里面。当天，"乡村儿童的安全和保护"小主人论坛就在祠堂举行，来自花都区九湖村小学、花都区东镇中心小学、越秀区登峰小学的学生，还有《羊城晚报》小记者，济济一堂，围绕如何保护自己的安全和权益热烈地讨论开来（见图，陈秋明摄）。

"你身边有哪些安全隐患？"面对这个问题，孩子们叽叽喳喳地回答：马路、触电、沙井盖、校园暴力……谈及学校最容易发生的安全事故，孩子们都说在楼梯追逐打闹最容易发生意外，有孩子甚至直言"校门口的零食也不安全，但是自己还是会忍不住去买"。记者发现，乡村孩子比城市孩子危险得多，鱼塘、水沟、农药、毒蛇等都是乡村孩子会遇到的。

给孩子们上课的平安广州志愿服务总队副队长何贤访说，遇到危险，学会正确的自救方法很重要。前不久深圳某学校发生踩踏事件，这跟学校教错学生应急方法有关。"很多老师告诉学生发生意外时要双膝跪在地面，双手抱头，但要知道这个动作是日本教学生应对地震的，并不能用来预防踩踏。"

何贤访告诉学生们，发生火灾不应该躲在厕所，应该到客厅这类比较空旷的地方。如果是消防车云梯上来了，消防员看到阳台和客厅没有人，就会走了。如果你在厕所，喊救命可能听不到。

家长侵犯权益，孩子可以说 NO

现场，谈及家长是否侵犯儿童的权益，孩子们的回答也很踊跃。主持人做了一个小调查："有一句广东话叫'藤条焖猪肉'，有被焖过的请举手。"

台下齐刷刷地举起小手。"被爸妈打好痛"、"孩子在犯错的时候，家长也在犯错，我觉得一些家长不会教育孩子"……不少孩子表示，被父母打了之后，心里会有些仇恨，不过也有学生说不当回事，"被打后我就把自己关在房间里，做自己喜欢做的事情"。

"我没有被父母打过。"第十届羊城小市长赵新悦搬出了《未成年人保护法》来保护自己，他觉得家长跟孩子讲道理比打更有用。

到底儿童应该保护自己哪些权利？广东世港律师事务所专职律师李旸告诉孩子们，国际儿童日是为了保护儿童而设立的，每个人都有生存权、健康权、受教育权、财产权等权利。"如果你们不听话，爸爸妈妈就把你赶出去，这是不对的。所以下次他们这样吓唬你，你可以

说 NO。如果你们要去踢足球，妈妈却逼你们学钢琴，你们有权利跟妈妈说自己想学足球，这些都是你们的权利。"

小主人论坛
——儿童安全问题，你了解多少？

来源：羊城晚报（小记者大眼界） 2015 年 11 月 18 日

羊城晚报讯 （小记者刘子然） 11 月 15 日，"小主人论坛"——乡村儿童的安全与保护在花都一个非常古老的祠堂里举行，非常有意思。

"活动开始了！"主持人邀请一位身穿蓝色制服的教官叔叔为我们讲安全知识。教官讲了几个安全小故事，并且告诉我们要通过各种渠道求证自己所学的安全知识是否正确。最后他考问了下我们："如果发生火灾你会躲在哪里，有三项选择Ａ.客厅 Ｂ.客房 Ｃ.厕所。""厕所！厕所！"许多小朋友都争先恐后地喊着。然而教官摇摇头笑着说："恭喜你们，全部答错了。"他耐心地解释道："火的燃烧会耗尽空气中的氧气，而厕所恰恰是空气最稀薄的地方，如此一来，厕所里面的氧气被烧完了，人不就被闷死了吗？"大家听后若有所思。

接下来是讨论环节。主持人提的每一道题目都与儿童安全息息相关。每当主持人一说完问题，在场的小朋友都踊跃地举手发言，那场面真是热闹呢！当主持人问到第三个问题：学校里最容易发生的安全事故有哪些？大家的回答和我一样，都觉得学校里最容易发生的是踩踏事件。有个小朋友认真地回答道："因为有些年龄小

的小朋友走楼梯，高年级的同学长得高看不到低年级的小同学，就踩了过去，造成了踩踏事件。"听完之后，大家哄堂大笑。

很多小朋友表示，此次活动受益良多，既了解了日常安全常识，又学会了安全问题要防患于未然。

（刘子然小记者系番禺区亚运城小学三年级学生）

市儿童活动中心小主人论坛走进花都

来源：南方都市报   2015 年 11 月 18 日

南都讯 记者米春艳   近年来，随着我国农村空心化的蔓延，乡村儿童安全事故时有发生，其状况令人担忧。在第 25 个国际儿童日来临之际，为了倡导全社会共同关注乡村儿童安全问题，加强乡村儿童的自我保护意识和能力，11 月 15 日上午，由广州市儿童活动中心主办的第 28 期小主人论坛活动走进广州华美（花都区）乡村儿童活动中心，组织来自广州的小学生、羊城小市长与乡镇的小学生、家长代表共同对话、倾谈乡村儿童安全与保护。

本期论坛以"乡村儿童的安全与保护"为主题,羊城小主人热议与自身息息相关的安全问题及防护对策。

首先,传授安全知识,树立安全意识。邀请广州平安志愿服务总队导师讲授公共安全及人身安全知识,并通过互动游戏强化知识的应用,预防和减少安全事故的发生。

其次,共同围绕你身边有哪些不安全隐患?你认为乡村儿童最容易出现哪种安全事故?作为儿童,你知道自己有什么合法的权益吗?你认为留守儿童还需有哪些权益可以保障?在家里、学校如何才能学到更多的安全知识,你有什么建议等等儿童公共安全、儿童权益保护等问题展开讨论,引导乡村儿童提高自我保护能力,了解更多的安全保护和儿童合法权益知识,同时让城市与乡村的孩子在面对面的互动交流中增进了解和沟通。

再次,通过专家现场点评及总结,强化认识,正确引导,倡导社会各界共同关注乡村儿童的安全,保障乡村儿童的合法权益,使乡村儿童更加健康快乐成长。

　　清水出芙蓉，天然去雕饰。在这一篇章里，读者朋友可以身历其境、深入其中，在质朴纯真的文字里详细了解八期的小主人论坛活动。

　　在实况篇里，没有刻意删减，没有人为改变，原汁原味原生态，真情真实真流露。读者朋友，在孩子稚嫩的语言中，在观点的碰撞中你又有什么看法呢？

实况篇
LIVE TEXT

第20期

小主人论坛

—— "小悦悦事件"

给我们带来的启示

时间：2011 年 11 月 3 日上午

地点：广州市儿童活动中心文化广场

主持：广州市儿童活动中心　陈小雄

　　　第八届羊城小市长　李一松

　　主持人：各位领导、各位嘉宾、各位同学、各位家长、早上好！我们的"小主人论坛"从 2000 年开始已经成功举办了 19 期。小主人论坛是我们少年儿童就社会、教育、环保、民生等给话题发表意见的平台。今天也希望同学们踊跃地发言，我宣布第 20 期小主人论坛活动现在开始！

　　让我们一起来认识一下参加本次"小主人论坛"的领导和嘉宾，他们分别是：

　　羊城晚报数字媒体有限公司总编辑 余颖

　　广州市儿童活动中心副主任 刘武

　　岭南少年报总编辑 李宏

　　广州市教育科学研究所德育与心理研究室主任 蒋亚辉

中国科学院心理研究所儿童心理研究会会员 冯德泉

法律专家 钟淑敏

羊城晚报报业集团记者 周松

在座的有第八届羊城小市长吴子旭同学、越秀区中星小学、白云区景泰小学的同学以及《岭南少年报》的小记者。我们欢迎各位家长、老师、同学们，感谢你们支持"小主人论坛"的活动。

接下来有请广州市儿童活动中心副主任刘武致欢迎辞！

刘武：尊敬的各位羊城小主人、各位领导、各位来宾、同学们、朋友们，早上好！

在第 57 个国际儿童日即将来临之际，我们相聚在一起，以"小悦悦事件"给我们带来的启示为主题，举办第 20 期小主人论坛。通过倾听孩子们的心声，目的在于呼吁社会各界除了关注道德层面的问题外，更要关注孩子们的生存和生长环境以及进一步改善孩子们的发展条件，让孩子们在全社会的关怀下健康成长。

今天，我们荣幸邀请了羊城小主人代表、羊城小市长代表以及法律专家、教育专家、儿童心理学专家、媒体资深记者参加本次论坛，相信在这个强大阵容的共同努力下，本期论坛必将取得圆满成功！

谢谢大家！

主持人：感谢刘主任精彩的发言，11 月 20 日就是国际儿童日，有哪位同学知道"国际儿童日"是从哪一年开始的？（答对有奖品）

学生：1997 年。

主持人：不是的，后面同学有谁知道？

学生：1991 年。

主持人：还是太晚了。

学生：1957 年。

主持人：好的，是 1954 年，今年的 11 月 20 日是第 57 个国际儿童日，所以在这个国际儿童日来临之际，通过"小悦悦事件"让我们来思考一下怎么样进行儿童的保护，特别是关注儿童的生存环境。请问在座的同学，知道"小悦悦事件"的请举手？（**很多人举手**），看来大家很关心时事，对一些还不是很清楚"小悦悦事件"

的同学，我们通过视频来看一下"小悦悦事件"是怎么发生的。

主持人：虽然视频效果并不是那么好，但是每个家长、每个同学都看在眼里痛在心里。这个事件比较沉痛，每个人都反思应该如何更好地保护少年儿童的健康成长。

接下来请在座的同学们讲一讲在马路上怎么样走才是安全的？

学生：我认为过马路的时候要看红绿灯，假如没红绿灯就要看左右两旁有没有来车，看马路上有没有掀开的下水道盖子。

主持人：这位同学的做法很好，不单单看红绿灯，还会左右看有没有车，还会关注到下水道的盖子有没有打开，很好！

学生：我认为不能随便横过马路，要走天桥，乱穿马路很危险。我觉得过马路的时候可以牵着大人的手，如果有斑马线要走斑马线，不能不等那些红绿灯。

主持人：是的，不能横过，不能学刘翔跨栏，要走斑马线。

小记者：我认为过马路或者在马路上走的时候不能玩一些追逐游戏，玩足球之类的，因为这样很容易遇到危险。

主持人：这位同学说得很好！

小记者：我认为走路的时候一定要走人行道，不能走机动车道，如果走机动车道会被车轧到的。

主持人：要走人行横道，不走机动车道。还有没有同学回应？

学生：家长要提早教育好孩子小心车，否则的话，等到大了教育就晚了，"小悦悦事件"就是这样的。

主持人：这位学生抛出了一个问题，下面问家长，你教育小孩子在马路上是怎么走的？

家长：我会教育我的孩子过马路要看红绿灯，走人行道，在路上不要玩耍，我会把安全规则全部教育给小孩子，因为家长都有责任教育好我们的小孩子。

主持人：谢谢！家长是第一责任人，怎么教育好我们的少年儿童，在马路上怎么保护自己，家长是有责任的。

家长：我有一个感受，平常我要过马路的时候，如果是红灯，但是没有车，我会过去。有一次我印象很深，小孩拉着我说"妈妈，有红灯，你不能过"。作为一个母亲首先要以身作则，这是我们家长要做到的。

主持人：确实，红灯的时候没有车来，对你来说是一个考验，过还是不过？没有车的时候你可以过，但是小孩就在旁边盯着你这个榜样，看你是怎么做的。

学生：行人要靠右边走，过马路一定要左右看，妈妈在身边的时候一定要牵着妈妈的衣角。

主持人：掌声鼓励！幼儿园老师就是这样教我们的。

学生：我觉得斑马线不是起跑线，不需要争分夺秒。

主持人：不需要争分夺秒，安全第一，很好！

学生：看了"小悦悦事件"之后，以前我觉得争分夺秒是为了让我们更好的学习，但是如果争分夺秒乱穿马路，害得自己的生命也没有了，学习再好也是没有用的。

主持人：看争分夺秒的层次，什么地方用，什么地方不用，讲得很清楚，很好！

主持人：我们接下来进行第二个环节，请同学们想一想，在我们平常的生活中，你发现社区、家庭、社会、学校等等有哪些不安全的隐患？

学生：在我们学校路口，因为是双向车道，所以中间有一条栏杆，那边又开了一个口，所以旁边的车可以从那边通过，而且人也可以从那边通过，我觉得这样子很容易造成事故。

主持人：有没有想过向哪个部门反馈意见呢？

学生：我觉得应该把那个栏杆封闭起来，或者树一个交通标志，上面写着：不能通过。

主持人：我们请没有发言的同学大胆举手。

学生：有些施工地方，很容易发生高空坠落事故。有些调皮的孩子不听大人的劝告，老是去那边玩，有些砖头会砸下来，很容易砸伤人的。

主持人：这个小学生观察得很细心，有些同学放假的时候跑到建筑工地去，很容易出现事故。

学生：有些地方有斑马线但没有红绿灯，那些车如果开得太快，过去就会被撞到，有的地方有红绿灯但是没有斑马线，你过去也会容易出事故。

学生：坐公共汽车的时候下车一定要注意旁边的自行车道，如果你一冲下来，那些骑得太快的自行车会撞伤你。你下来的时候一定要看一下有没有自行车或者是摩托车通过。

学生：我觉得我们学校那里有很多蜜蜂，常常飞到我们班，有些调皮的孩子就会捉弄蜜蜂，蜜蜂以为他们会伤害它们，就会觉得自己不安全，这样有可能会伤到人。

主持人：我们请第8届羊城小市长吴子旭谈一谈，遇到这种情况的时候，你是怎么做的？

吴子旭：首先我讲讲大家很容易忽略的几个安全隐患，在很多同学家里面有很多书柜，如果书柜没有钉牢，书就会容易掉下来砸伤人。同学们家里面有没有灭火的设备，在家里面发生火灾的时候可以用到。家长们有没有注意到，在几个大地铁站，人流量是非常大的，这时候同学们要保护好自己，我们应该把书包放在自己的胸前，因为胸前有很多重要的器官，会起到保护、缓冲的作用，同时可以防盗。

主持人：谢谢！吴子旭举了一些我们日常生活中的例子，希望给同学们一些启发！

学生：在家里的时候，自己一个人要关好煤气，要不然煤气泄露就会中毒。

主持人：请一位家长谈一谈，你从家庭一些设施、电器等安全方面，是怎么样教育你的孩子的？从家庭的角度你是怎么引导、教育小孩注意安全的？

家长：家里面有些电器，如果小朋友不注意容易引发事故，我就从孩子小的时候告诉小孩子，说这里会怎样，他不知道电器的危害，他觉得好玩，一开一闪的，因为他小不懂事，他有一些危险动作的时候，我就拍他的小手告诉他这是碰不得的，慢慢等他长大的时候，这样的知识就日积月累下来了。

家长：家里的小孩有时候比较大胆一点，碰那些东西容易受伤，所以家长在教育小孩，做一些力所能及的家务的时候，一定要做好安全的防护措施，比如用煤气，还有用微波炉这些，不要烫伤了，一定要戴手套。用煤气的时候，用完之后就把闸关掉，因为我觉得小孩还是需要做一些力所能及的事情，比如家务活。

　　小记者：我们小区道路还是比较窄的，但是一到晚上灯光又比较暗，有一些灯都坏了，这时候有人骑越野自行车在我们小区里面横冲直撞的，而且我们小区里面转角的地方有一些大树，这些大树挡着就看不到人，看不到旁边有什么动静，结果下坡路，自行车一冲下来就很容易撞到人。

　　主持人：你的建议是不是把大树砍掉？

　　小记者：在小区里面禁止骑自行车，因为比较危险，有老人已经被撞过。

　　主持人：有可能的话向物管处写一封建议书。

　　学生：在路边有很多沙井盖，有很多已经松了，一不小心就会摔下去，我觉得有关部门应该重新装一下。

　　主持人：我们少年儿童可以成立一个"沙井盖保护小分队"，在你学校、社区前后做一些调查，沙井盖给我们带来一些什么影响，给政府部门提一些建议也是很好的。我们接下来换一个话题。

　　我来给大家出一个非常难的问题，大家一定要听好了，平时看到有老人或者是小朋友摔倒的时候第一时间你会想到什么，你会立即上去扶他吗？

　　小记者：我想我会去扶。因为广州正在创建文明城市，不单只是街道变美了，人的心灵也要变美。

　　主持人：说得很好。

　　小记者：我觉得我会第一时间去扶他，因为我认为我们现在的少年儿童的心灵、品质是最好的，不像有些大人还有"小悦悦事件"中的18位路人一样，他们会自己想太多，想自己会担风险，但是我们少年儿童不会想自己担风险，我们第一时间冲上去救人。

　　主持人：假如那位是老太太，她的思维比较模糊，她赖上你了，你怎么办？

　　小记者：那我可以找证明的人，因为我相信世界上还是好人多。

　　主持人：但是人家不想那么多事，不想证明，你怎么办？她要你赔钱，你怎么办？

　　小记者：如果逼得迫不得已的情况我会去接受这个惩罚，因为我救人是不求回报的，只要救人了我就心满意足了。

　　（台下掌声一片）

87

学生：我会向那些大人求救，让他们赶紧打110，并且上前去扶起他，因为这是我们小学生的职责。

主持人：你责任心很强，公德心很强。

小记者：如果是我，看到一些小孩子被车不小心碰了一下倒在地上，我会去扶起他，但是我要看看旁边有没有人帮我证明，不然有可能会赖上我。

主持人：看看旁边有没有人证明，或者拿着手机拍一下，如果你做了这么多的话，可能被撞倒的人已经奄奄一息了。

学生：我一般不会一下子冲上去，如果我有手机，我会照一下相，证明不是被我撞倒的，如果没有手机的话就找一个路人做一个证明，也保护了自身的安全。

主持人：但是在地上的人已经越来越不行了。

学生：那就叫路人打110。

主持人：接下来请出来自《羊城晚报》的记者周松，谈谈"小悦悦事件"。

周松：我觉得同学们可能没有能力第一时间就上去救人，最好的方式你有手机就打120、110，如果没有就找大人，让他们打一下或者借他的手机，如果第一时间去救人，伤势的情况你也不清楚，有可能去动他反而加重了他的伤情，所以第一时间打110、120求助。

学生：我感觉说不会去扶的话，不是一个人道德不好。你换位思考一下，这个人是为了自身的安全，要是这个人冤枉他，那他怎么办呢？

学生：如果小学生摔伤了，伤情不重的话我会把他扶起来，送他到附近的医疗诊所治疗一下。

小记者：我会第一时间去救他，如果他赖上是我弄伤他的话，我就会找交警拿摄像头拍下来的那些录像。

主持人：要学会保护自己，很好！

学生：如果我看到了的话，我第一时间会把他挪到一个安全的地方，之后才会打手机求助110那些的。

学生：如果我看见有人摔倒了，我会向警察叔叔求救，然后再把他扶起来。

主持人：旁边没有警察叔叔呢？警察叔叔不是遍地都是的。

学生：借路人的电话打给警察叔叔。

主持人：打110，110就是警察叔叔的代名词。有没有家长朋友帮我回应一下，如果你在马路边看到有人摔倒了，你会怎样做？

家长：如果看见有人摔倒了，我会分辨一下情况，如果情况不是太严重，我会打110报警或打120，但是如果像小悦悦那样，我会马上第一时间把他抱在马路边，不会让他受到第二次的碾压。

主持人：谢谢。要看情况判断，如果很严重的就马上处理，如果不是很严重的，就打110或者120处理一下。

家长：一般遇到这种情况，如果我跟小孩一起，我就教育他打110、120，因为小孩子小，他没有力气，而且他也不知道怎么处理，有时候处理不好的话反而是第二次伤害了；如果轻的话是可以挪的，但是如果像小悦悦这种，不应该去挪，应该守在身边，等警察过来的时候再处理会好一点。

主持人：谢谢这位家长，他也给我们提出一个问题，怎样才是科学地帮扶别人的方法，并不是第一时间把他抱起来跑，这并不是好的方法，因为我们不是医生，每个人不可能懂得很多医学的知识。

学生：我认为如果是普通的摔倒就分两种，大概5、6岁以下的话，就直接扶起他，如果是5、6岁以上的，或者是老人最好就找路人来做证；如果伤情很重的话，就直接维持现场，报警就行了。

小记者：如果是我的话我会大声喊救命，可能会喊来旁边的一些懂医学的人来帮他，因为我们小朋友的力量是有限的，如果抱不住，可能会第二次伤害他，摔到他。

主持人：我们请《岭南少年报》的总编辑李宏阿姨给我们的少年儿童提点建议。掌声有请！

李宏：刚才听了这么多同学的发言，如果从家长这方面，我的建议就是平时给孩子做好安全意识的灌输之外，还要教育他们懂得应急处理。刚才围绕的话题就是像发生了这种交通意外事故，对我们未成年人应该给一个指引，你尽你所能去求助、打电话，打110、打120，这个办法是你这个年龄段最安全、最妥当的施救方法。

另外还有一种方法就是马上要保护好现场，当时一定要求助于成年人，不要有第二次伤害，不要再发生小悦悦这样的事件，刚才同学们说了很多各式各样的方法，包括第一时间去救助，我比较赞同刚才那位家长还有部分同学的看法，谢谢大家！

主持人：谢谢李总编的建议。大家都知道，助人为乐是中华民族的传统美德，可是大家有没有想过去帮助别人的时候会发生这样那样的问题，比如去救人的时候反而要你赔钱，面对这样的事情时你怎么做？

学生：如果真的遇到这样的问题，要赔钱或者是比较巨额的钱这也是值得的，如果可以用钱来让一个人从奄奄一息中恢复到可以生活的能力，我觉得这是值得的。

主持人：这位同学不仅仅有舍己救人的念头，还有舍钱救人的想法，掌声鼓励！

学生：如果真的要赔偿，我会及时赔偿。

主持人：让你赔偿你也认了。

学生：是的。

学生：如果真的是被冤枉的话，我会打官司。

主持人：很好，用法律的武器，用公民的权利来保护自己。

主持人：我们接下来请出法律专家钟淑敏来回应一下。

钟淑敏：大家好！刚才也听到很多同学和家长的发言，我觉得大家的安全意识还是很强的。在大家见到有人受伤或者受伤害的情况下，是否应该伸出援手帮助别人？作为未成年人，我们主张你在保证自身安全的情况下，还要考虑自己有没有这个能力去帮助别人才可以去做。同学有这份爱心可以去帮人，但是最好还是打110或者是120，因为毕竟你们是未成年人，自我保护还有帮助别人的能力不是很强，如果帮助了别人以后反而被人家诬陷了怎么办？大家在帮助别人的时候还要考虑一下怎么样帮助自己，如果被诬陷了，你最好能够找到一些证据证明你是去帮助别人，而不是去伤害人。

　　刚才也有同学说如果被诬陷了，就到法院打官司，打官司是需要证据的，并不是说被诬陷就一定会被冤枉，法院也是讲事实、讲依据的，如果有足够的依据证明你是去救人的，法院不会让你承担责任的。

　　主持人：谢谢法律专家给我们的建议，并不是说打官司一定会赢，你口说无凭，要有证据，用事实来说话。

　　学生：如果让你赔，你就先赔，你做了好事，总有一天会还你清白的。

　　主持人：我相信公道自在人心。

　　学生：是的。

　　学生：如果你去救了别人，别人说你伤害了他的话，你没有可能先把他伤害了再去救他，如果先伤害了他再去救他，那这岂不是贼喊捉贼吗？

　　小记者：我认为我在救他之前会先找一点证据，到时候他冤枉我的时候，我就可以拿出证据来证明不是我干的。

　　主持人：现在现实环境中会不会有这么多时间让你左思右想呢？有时候第一反应，就不会想得太多了。我们请这边没有发过言的。

　　小记者：我觉得应该第一时间先去救他，假如他要我赔钱我会把钱赔给他，如果等到所有证据都出来了，我就清白了。

　　主持人：还是那句话，公道自在人心。

　　小记者：如果他让我来赔钱，我一定不会赔，我会让受害者来当面对质。

　　学生：如果他让我赔钱，我会赔，因为打官司的话要花更多的钱，因为救人的本性就是人的一种天性来的。

　　主持人：救人是人的天性，整个社会，还是好人多。我们请法律专家回应一下，打官司要花很多钱吗？

　　钟淑敏：其实打官司费用也不是很高，是按标准来收的。一般是谁起诉，谁负担，如果他诬陷你的话，就是诬陷你的那个人来负担的。如果真的有人诬陷你，到法院去告你，应该是这个人来举证证明你伤害了他，如果他举出的证据不足以证明你伤害了他，你也是清白的。大家有这个爱心是好的，如果真的被诬陷了，可以通过法律途径来保护自己。

　　主持人：这位同学不用担心，在法院打官司是败诉一方付钱的，你有真理你不怕。

　　学生：因为现在广州的监控录像都是比较多的，你去救人还可以去看监控录像，这样就可以看出你是清白的。

主持人：你去救人先看看有没有录像，如果没录像就不去救人，这样也是不行的哦。

学生：我觉得应该赔钱，他说他要钱我们就给他钱，反正救人救到底。

主持人：好的，我们请景泰小学利校长回应一下这个问题。

景泰小学利校长：我刚才听了同学们非常踊跃的发言，我觉得遇到了这种情况，孩子们应该按照自己的能力去处理，但是我发现很多的孩子都好像是比较弱势的，都愿意去赔偿这笔钱。我觉得应该要寻求大人的帮忙，因为我们还是未成年人，遇到了这些问题，我们是主动去帮助了人家，但是我觉得如果遇到了勒索或者是诬陷还是寻求大人的帮忙，家长来解决这个问题，我觉得这样会好一些。

主持人：谢谢！要寻求大人的帮助，并不是每个家庭都有钱可以随便去付的。

学生：我觉得一个小学生在路边救人，如果路人诬陷你，你可以先叫旁边的人用照相机拍摄下你救他的过程，这样子那个人也不会勒索你了。

学生：可以蒙上脸去救人。

主持人：神仙下凡？

小记者：我会直接打120，这样他就不会诬陷我了。

主持人：接下来是全场压轴的话题，就是"小悦悦事件"给我们带来的启示（同学们齐念）。通过这个事件给我们带来了一些什么启示？通过这个事件你感受到了什么？特别是从少年儿童的角度去思考。

学生：我认为"小悦悦事件"给我们带来的启示就是小悦悦的父母也没有好好看着她，所以两岁的小女孩就到处去玩，到处去走，最后被车子碾倒了。

主持人：因为小悦悦家长以及家庭出了这么重大的事故，我们也不好更多的责怪他。但是从家长是第一任教师、从第一责任人的角度也提出，家长应该怎么样更好地保护好我们的小孩子。

小记者：我觉得第一个是家长的问题，如果家长不第一时间教育好小孩子，他们可能就会犯错误；第二是旁观者的问题，如果旁观者去救助她，并且让别人做证的话，就不会发生被车碾两次的情况。

主持人：我们请家长回应一下。

家长：我在想无论是救小悦悦还是把老人扶起，其实我们还是出于爱心、同情心去帮助他，我们全社会、全人类还是真正存在真善美的。

主持人：这个启示给我们提出了一个道德问题。

学生："小悦悦事件"的启示就是我们要助人为乐，如果18个人有一个人救她，就不会出现这样悲惨的事件了。

主持人：现在请出《羊城晚报》的记者周松，他是第一时间采访事件过程的人。请问你是什么时候到达现场的？

周松：事件发生后我们才去了佛山，了解"小悦悦事件"的过程，视频就是事件发生后看到的，第二天去佛山了解情况。我第一天晚上看见那个视频，小女孩被碾得这么厉害，18位路人又这么冷漠，对我当时影响很大，那么多人很冷漠，写稿都写不出来。第二天去佛山找到一些店铺的店主，问他们的情况，他们看到了小孩但是并不承认。但是也有一些好心人，无论是帮小悦悦父母努力联系医院的人，还是找人帮忙的人，其实这也证明了并不是所有人都是冷漠的。

主持人：接下来我们请一位专家蒋亚辉老师给我们来说说。

蒋亚辉：各位家长，各位同学，很荣幸能够和大家一起分享每个人的思考，每个人的感受，通过一个多小时的分享、学习，感觉到今天在座的小朋友们、家长和老师们贡献出你们对"小悦悦事件"的启示有很多，我个人感觉有几方面：很多同学、家长分享了"小悦悦事件"给家庭教育方面的看法，可能是小悦悦的家长对小悦悦的交通安全知识教得不够，于是很多小朋友就提出了，我们应该遵守什么样的交通安全，希望父母教他交通安全知识，的确同学们分析相当到位，非常好。而且分析了怎么过斑马线，怎么过红绿灯，包括拉着妈妈的衣角过马路，非常好！

但是小悦悦的父母对小悦悦的交通安全知识引导和教育是不够的，否则小悦悦不可能在交通繁杂、混乱的马路上走。这件事给我们的启示是一定要注意交通安全，刚刚吴子旭同学也谈到除了交通知识教育以外，还有家庭里面的安全知识，比如防火防盗的知识，让小孩子懂得基本常识、基本知识。如果小悦悦的父母让小悦悦看一下交通动画片或者是儿歌，小悦悦就不会在马路上走。这个血淋淋的事件告诉我们，

在座的家长一定要弥补，在座的小朋友也一定要补上这一课。

家长过马路的时候不太注意言传身教的示范作用，不走斑马线、冲红灯，甚至还有吸烟等等，都是小朋友反感的，很多小朋友发言的时候提出了我们要帮助家长纠正，要言传身教，当家长的行为不好的时候，小朋友也要教育家长，我们要帮助家长和我们一起健康成长。

还有很多小朋友分享了权利的问题，我们有什么权利帮助别人？在座的小朋友知不知道你们都有一些什么样的权利？马上 11 月 20 日国际儿童日就要来了，我们知道全世界和小朋友权利有关的文件是什么吗？

学生：《未成年人保护法》。

蒋亚辉：我们全世界共同遵守的法律是什么？是《国际儿童权利公约》，我们中华人民共和国是《公约》的签署国，这公约里面对我们儿童规定了几十种权利之多，这几十种权利归结起来有四个方面，其中我们儿童天然的要有生存权、受保护权，还有社会参与权。今天在座的各位小朋友和你的家长能来到这个地方，对我们的社会热点问题发表了意见和建议，这就是落实我们的参与权，参与社会生活的权利。

另外一种参与就是不是由我们学校组织的社会生活，在参与过程中我们要科学参与，学会保护自己，我们每一个小朋友都是未成年人，受到《未成年人保护法》和《国际儿童权利公约》的保护，是是保护者，我们有参与的权利。

第一，要学会保护自己；第二，要用法律武器来保护自己。如果科学地应用好，就自然会受到保护，不会那么纠结。首先要热情参与，看到别人摔倒的时候，首先问你是否需要帮助，有的小朋友跌倒不是什么问题，他自己就会起来。如果你有一个建议，热心人士就会过来和小朋友一起帮助这个路人，如果谁也不参与，谁也不说，可能就会有很多人路过了，不管这个事情，所以我们的参与权要建立在寻求成人的帮助下，和路人一起来帮助他。别人过来的时候看到伤势重就会打 110 或者是 120，这样的程序比较科学一些，我们的小朋友也不会那么纠结。这是落实和保护参与权的问题。

关于教育的问题，从"儿童保护权"的角度来谈，婴幼儿的监护人是我们的父母，小悦悦出车祸主要的问题是她脱离了监护的视线，不应该让一个小朋友乱走乱跑，这是家长对儿童保护权落实不到位，怎么可能两岁的小朋友让她随便跑，这是家长失职的地方。

谢谢大家！

主持人：谢谢蒋老师。

学生：呼吁大家不要冷漠。

主持人：掌声鼓励！

小记者：道德不是一个简单的问题，做起来很难。

学生：我感觉口头上的教育还是不够，小悦悦还是一个一两岁的儿童，她也爱贪玩，她现在只有一两岁，在座的家长有看管的责任。

主持人："小悦悦事件"发生以后，我在车陂一个建材市场，看到一个三四岁的小男孩一个人在玩，家长也不管他。

学生："小悦悦事件"告诉我们，不仅要教育好小孩子的学习，还要告诉他怎么样注意交通安全。

主持人：我听说华师大有一个教授成立了一个基金，如果你们将来有谁被赖上了，或者是要打官司的，他们的律师免费给你们打官司。如果要赔钱，他们可以先给你垫上。

学生：我觉得"小悦悦事件"给我们的启示是，家长不应该让这么小的小孩离开他的视线。

主持人：家长是第一责任人。

小记者：我觉得"小悦悦事件"对我们来说是一个讽刺，当今社会上冷漠的人太多，人们都只是关注利益，而忘了道德。所以我呼吁，无论是家长也好，同学们也好，我们都要尽自己最大的努力去帮助每一个需要帮助的人。谢谢。

小记者：我觉得助人为乐是我们每个人都应该有的美德，如果遇到了这样的事情，我们都应该去帮助他。

主持人：这个环节告一段落，我们请出广州市儿童活动中心的代表，第八届羊城小市长吴子旭给我们分享一下"小悦悦事件"给大家带来了什么启示？

吴子旭：第一，少年儿童一定要有交通安全意识，一定要维护自己的安全。第二，作为家长一定要注意好自己的孩子，一定要清楚知道自己的孩子在干什么，有没有安全隐患。刚才有很多同学提到现在世界上冷漠的人很多，其实冷漠的人在这个世界上并不是很多的，他们只是当时在那一刻选择视而不见，但是心中也有一份热诚。由于这个社会使他们对别人的信任度降低，所以现在最迫在眉睫的问题是，要提高大家的信任度。

主持人：谢谢吴子旭，接下来请我们的心理专家冯德泉老师为我们做总结发言。

冯德泉：各位家长、各位同学，大家好！

今天能够来到现场参与这个活动非常高兴，同时也看到很多同学提了一些意见，我简单讲一下对"小悦悦事件"的看法。

"小悦悦事件"从我们心理学研究来看，有两个心理现象，第一是旁观者的心理，由于太多人觉得这个事件不关我们的事，作为旁观者，他们承担的责任小，人越多他们觉得自己的责任就越小，所以有很多人是作为一个旁观者去看，没有承担他们作为人类应该承担的一种责任。

第二，定性的心理效应。有很多的新闻媒体报道，某个人帮助了别人，然后他又被人家诬蔑，或者是要承担责任。在这些现象里面，他们觉得我们要做的时候，是不是也要承担这样的责任，这是定性效应。所以很多人就装作没有看见，就走开了。

我觉得我们人类活在这个世界上，都需要有责任感，因为我们生活在这个世界上，都需要别人的帮助。对我们每一个人来讲这些都是非常重要的。我为人人，人人为我，我希望所有的人都应该有这种心理效应。

我作为一个家庭教育方面的研究者，儿童、青少年成长有四种心理需求，我不知道家长们是否知道。

1、儿童成长的第一个需求就是他们要爱和被爱。"小悦悦事件"中我觉得家长对孩子的爱是不够的，为什么？因为你爱她就要随时随地关注她，我们要关注，要给这个小孩子提供环境，我们没有关注她，任由她随便地走，所以我们对她的爱是没有尽责的。

2、孩子成长需要有安全感。我们提供一个什么安全环境给他们去成长，这是我们家长要考虑的，我们学校也要考虑，我们社会也要考虑。所以我们要提供给孩子一个安全的成长环境和一系列安全知识教育，包括交通设施应该怎么设计，才让孩子过马路，走在路上怎样才是安全的，这是整个社会的责任。

3、心理需求就是规则，我们学校、家庭、社会都要给孩子提供一个规则教育，什么地方我们能去，什么地方不能去；什么事情可以做，什么事情不可以做。这个规则就等于孩子成长的围墙，当孩子慢慢长大的时候，我们的范围就慢慢放松，给他们更宽松的环境。

4、以"小悦悦事件"为例，我们去帮助别人，首先要保证自己安全的情况下才去帮助别人。我们确保了自己安全的情况下去救人，这也是适当的，我们都是未成年人，我们应先判断怎么去救人，要观察现场受伤的人的情况是怎样的，我们应该求助救援机构。

其实未成年人也是没有能力去帮助那些受伤的人的，特别是受伤比较严重的人。第一时间要打求助电话，这是我们应该做的，所以我希望同学们也要在新的时期学习新的方法去帮助别人，同时我也知道各位同学们都有爱心，希望这份爱心能够延续下去，让社会形成良好的氛围。

主持人：谢谢冯德泉老师的总结，我们今天"小主人论坛"已经在金羊网同步播出，大家可以登录金羊网观看，下周二《岭南少年报》也会把我们今天精彩的内容登出，我宣布第20期小主人论坛到此结束。

感谢领导嘉宾的光临，谢谢老师、家长、同学以及媒体的朋友，谢谢台前幕后的工作人员，我们下次活动再见！

第21期

小主人论坛

——学习雷锋精神 参与志愿服务

时间：2012年3月10日下午

地点：广州市儿童活动中心文化广场

主持：广州市儿童活动中心　陈小雄

　　　广州市越秀区登峰小学　柯乐

陈小雄：各位领导嘉宾、各位同学，下午好！首先我们请大家一起来唱《学习雷锋好榜样》第一段。

陈小雄：现在我宣布第21期小主人论坛活动现在开始。站在旁边的这位小主持人是来自登峰小学的学生，也是我的学生柯乐。

柯乐：站在我身边的老师，也是儿童活动中心的老师，他叫陈小雄。

陈小雄：下面让我们认识一下参加今天小主人论坛的领导和嘉宾，

他们是：

广州市妇联发展部部长、广州市儿童活动中心党支部书记 袁微姐姐；

广州市儿童活动中心副主任 刘武哥哥；

广州乐八文化传播有限公司素质教育研究中心主任 晏秀祥；

小北路小学教导主任 徐虹老师；

广州中医药大学中医骨伤专业研究生 夏大添哥哥；

广州市妇女志愿者 严兰云姐姐；

广州市第八届羊城小市长 冯曦和冷若萌；

陈小雄： 参加这次小主人论坛的有小北路小学、东风东路小学同学、惠福西路小学及《岭南少年报》的小记者，欢迎各位领导、嘉宾、老师、家长的光临，掌声热烈一点。

小主人论坛是广州市儿童活动中心经过十年培育打造的校外教育品牌活动，深受少年儿童的欢迎和支持。小主人论坛是提供给孩子们对时政、民生、社会、教育、城建、环保等发表意见和建议的。首先我问一个问题，雷锋叔叔牺牲多少年了？

同学： 五十周年。

陈小雄： 很好！答对了，掌声鼓励。还有一个问题，为什么3月5日是学雷锋的日子？

同学： 因为3月5日是毛泽东题词"向雷锋同志学习"的日子。

陈小雄： 同学们都很清楚，毛泽东在1963年3月5日题词"向雷锋同志学习"，所以3月5日是学习雷锋的日子，另外我们广东省把3月份特别定为学雷锋志愿行动月。我们第一个讨论的问题是？

柯乐： 什么是雷锋精神？

陈小雄： 雷锋精神是什么？

同学： 我认为雷锋精神就是要乐于为人民服务。

同学： 做好事不图回报。

同学： 雷锋精神还有艰苦奋斗，勤俭节约。

同学： 舍己为人。

陈小雄： 还有没有补充的？

同学： 我认为雷锋精神是无私奉献的精神。

同学： 以帮助别人为快乐，助人为乐。

同学： 做好事不留名，而且不张扬。

同学： 我觉得雷锋精神是爱岗敬业的精神。

同学： 我觉得雷锋精神有两个方面，敢于牺牲自己为人民服务，还有就是爱国。

同学： 我认为是螺丝钉精神，是一点一滴的积累。

陈小雄： 好，螺丝钉精神。

同学：我认为有很多例子，比如说普通民众帮助其他人，也是雷锋精神。

陈小雄：我们想找一位家长，向大家说一下什么是雷锋精神，有没有？

家长：最主要是无私奉献。

陈小雄：接下来请出广州市儿童活动中心党支部书记袁微女士，跟同学们讲一讲雷锋的精神。

袁微：亲爱的老师、同学们，我喜欢大家叫我微姐姐，来一个，一二三。

同学：微姐姐。

袁微：今天我代表主办方非常感谢惠福西路、小北路、东风东路小学的学生，以及各位专家、学者、羊城小市长及在座的家长和老师们，对今天小主人论坛活动的支持与大力协助配合。雷锋精神是全国人民耳熟能详了五十年的一种精神，到了21世纪的今天，我们为什么要重提雷锋精神？也有人开玩笑说，一到学雷锋的时候，大街上的老奶奶都不够用的，因为小朋友们一想到学雷锋就想到大街上扶摔倒的老奶奶。

到底什么才是真正的雷锋精神，少年儿童要学习雷锋身上的什么东西？在现实生活中我们具体能做到哪一些呢？这些都将是今天论坛和家长老师以及同学们共同探讨的一个问题，希望大家能够在陈老师跟柯乐同学的带领下，以及跟小市长们一起畅所欲言。大家对雷锋的想法，以及对雷锋的认识和对雷锋的疑惑，都可以在这里用你们最直白的心声表达出来，我们最后再来形成一个共识，那就是我们为什么要留住雷锋精神？我们还需不需要雷锋精神？这个答案需要到结束的时候，我们一起来找，谢谢大家。

陈小雄：谢谢微姐姐。我们请东风东路的老师来说一下雷锋精神是什么？

东风东路老师：我觉得雷锋精神和现在提出的志愿者精神是一样的，其实就是我们参与、热情耐心，最重要的是在我们身边有很多的小事情，我们可以用这个雷锋精神参与，而且我觉得现在志愿者在我们身边其实已经是慢慢成长起来，那我们更加希望每一位同学都成为小学的志愿者，那就是拥有了雷锋精神。谢谢。

陈小雄：谢谢邱小雪老师把我们这个主题结合在一起了，"学习雷锋精神，参与志愿服务"。接下来我们要继续讨论。

柯乐：新时期雷锋叔叔有哪些方面是值得你学习的？

陈小雄：我想问一下看过雷锋日记的请举手，因为雷锋叔叔的日记已经很多年了，有些同学还不太认识，通过我们的活动也请更多的同学认识雷锋精神，在新时代怎么学习？最后那位小女孩站起来，对着麦克风。

同学：乐于助人。

同学：帮助别人，不张扬。

同学：我觉得是把他自己的积蓄都捐献给了人民。

陈小雄：那你以后有钱，你怎么办？

同学：我们要捐助灾区，帮助他们重建房屋。

陈小雄：雷锋叔叔一个月的津贴是多少？

同学：六块钱。

陈小雄：他打篮球、买一瓶汽水都不舍得，但是灾区人民有了灾难，他把自己的积蓄都捐出去了，这个同学们都知道了。

同学：我们学习雷锋热爱学习的精神，这也算是对父母的回报。

陈小雄：热爱学习，很好。

同学：我认为雷锋叔叔的精神是乐于助人不求回报，而且帮助别人已经成为一种习惯。

陈小雄：下面我们请小市长回应一下。

小市长：我觉得最值得我学习的是从小事做起。

同学：我应该学习雷锋拾金不昧，忠于党和人民。

陈小雄：少年儿童更加应该从自己的角度，从少年儿童怎么样学习雷锋的角度思考，再请台上这位小记者。

小记者：比如说班上有一些有困难的同学，我们就应该要多帮助他，比如说有一些残疾同学，我们就应该帮助他，也不应该歧视他。

同学：上次我看见一位小朋友，捡到一个大钱包，但他没有装到自己的包里面，而是交给了旁边的警察叔叔。

小记者：我觉得雷锋精神应该是勤俭节约，因为现在这一代人，零花钱都喜欢乱花，都喜欢买零食，应该存起来用在有用的地方。

陈小雄：现在很多人都富起来了，特别是小朋友过春节，口袋里面有很多红包，怎么勤俭节约，学习雷锋艰苦奋斗的精神，非常好。

小记者：我觉得雷锋精神很重要的是钉子精神，雷锋在看电影之前都要挤出时间看书，我们是否可以在生活中的细节当中抽出时间来学习？

陈小雄：钉子精神，这也是很重要的方面。我们请出羊城小市长，来谈谈雷锋叔叔的哪些方面是值得我们学习的。

冷若萌：我认为雷锋叔叔有一个精神特别值得我学习。我看过一个电影片断，是雷锋叔叔送老奶奶，走了几十里的路，而且是在下雨天，老奶奶摔跤了，他不顾自己身体的劳累把老奶奶背回家，当老奶奶想感谢雷锋的时候，他已经跑了，我觉得帮助别人不求回报，这种精神是值得我学习的。

陈小雄：好，掌声鼓励鼓励，说得很具体，怎么样学习雷锋精神，雷锋是怎么做的。

同学：我认为雷锋精神有很多方面值得我们学习，就像他不一定背老奶奶回家，随手扶老奶奶起来，都是雷锋精神，就像社会发生的"小悦悦事件"，如果大家都有雷锋精神，这样的事情就不会发生了。

陈小雄：下面我们找一位家长，你认为你的小孩在学雷锋方面，应该怎么做更好？请一位家长回应一下。

家长：我觉得现在家庭比较富裕，孩子都是在温室里长大的，所以我觉得雷锋艰苦奋斗的精神，最值得我们这一代人学习。

陈小雄：这也是我们家长所希望的，现在确实生活水平提高了很多，希望学习雷锋艰苦朴素的精神。做过好事的请举手，包括在社会、在学校等等。请放下来，很好很好，下面我们请大家想一下，如果你做了好事被别人讽刺、打击，你自己是怎么想的？或者你自己又是怎么应对的？

小记者：我在班里面帮助一位同学解答作业问题，有些同学说我是在抄作业。

同学：我会不理他，因为我自己是问心无愧的地做好事。

同学：我觉得虽然做好事的时候被讽刺，但是做好事以后大家都会夸奖你。有一次看到一位小孩被骑自行车的人撞倒了，我把那位小孩扶起来，当时有人就说我把这个小孩撞倒了，后来我把这个小孩送到保安那里，小孩的父母来到了以后，就问我怎么回事，我说你的小孩被骑自行车的撞倒了，我把他扶起来了，然后小孩的父母听了挺感谢我的。

陈小雄：如果有好朋友说，把你的作业拿出来分享分享，你怎么做？

同学：我会说我可以教你，但是我不会给你抄。

陈小雄：那比如说我现在没钱，你的钱给我一半行不行？

同学：我会说我现在没带钱，钱包在学校。

陈小雄：确实学雷锋要讲究方式和方法。

同学：现在有很多新闻说有车辆撞倒了老人家，路人把老人家扶起来了，老人的家属却指责扶的人，说他们撞倒了老人，让他们赔偿，这很多人拒绝做好事，害怕做好事，害怕承担责任。如果我们真正问心无愧，如果我们每个人都付出一点爱，这个世界会变得更加精彩。

陈小雄：谢谢，只要付出一点爱，世界就会更精彩。一个值得我们思考的问题，做好事有时候也会吃亏，被人赖上了，你怎么办？

陈小雄：下面我们请出小北路小学徐虹主任，来给我们说两句。

徐虹：我听了很多孩子对做了好事受了委屈的发言，我很感动，虽然我们社会很复杂，但是我们感受到孩子都有一颗很真诚的心。只要我们都带着这样一颗阳光的心做好事，无论我们受到什么样的委屈，你一定会感受到送人玫瑰，手留余香的快乐，谢谢孩子们的真诚和善心。

陈小雄：谢谢徐主任。好了，柯乐，我们接下来要讨论什么问题？

柯乐：少年儿童应该掌握哪些必要的方法和具备哪些能力才能帮助别人？

陈小雄：光凭一个好心，并不一定能够做成一件好事。说个例子给大家听。比如在大街上看到一位老人家摔倒了，我们第一反应是什么？现在有四个答案，请每个同学只举一次手。看见老人家在大街上摔倒，第一反应：1、打120电话；2、马上把老人扶起来；3、请专业人员来处理；4、不关我的事。每一个同学只能举一次手，我问的时候你再举，第一，打120电话，请举手，20人左右。第二马上把老人扶起来，差不多也有20人。第三请专业人员处理，请举手，三分之一。第四，不关我的事请举手，（没有人）。

同学：老师我认为不光第一点，因为老人摔倒了之后，我们应该先把他扶起来，再拨打 120 热线。

陈小雄：你这么认为也可以。

同学：我认为应该是打 120，因为万一老人家摔倒以后，会碰到骨头，骨折以后，扶起来就会更严重。

同学：我觉得先把老人家扶起来，问他有没有事，如果有事再拨打 120。

同学：我会选第三种方法，我请专业人士来帮助。

陈小雄：可是有一个很紧迫的问题，在大街上走的人员不一定是专业人员，请小市长来回应一下。

小市长：要是我的话，我会先拨 120。如果请专业人员，专业人员到哪里去找？所以我觉得我们最好先拨打 120。

同学：我觉得应该先察看一下他是否有事情？脉搏是否存在？如果存在再打电话 120。

同学：我们应该先看一下老人家摔的重不重，如果摔得不重，我们应该扶起来，假如严重的话，我们应该召集旁边的大人，然后一起打 120。

陈小雄：还有没有更好的方法？

同学：我觉得应该先看看老人有没有什么危险，先不要把他扶起来，打 120，以免对他造成二次伤害。

陈小雄：这位同学很清醒，不要有二次伤害。

同学：我觉得应该把老人扶起来，如果先打 120，他嘀咕嘀咕不知道嘀到什么时候才来。

陈小雄：你怎么扶起老人家？你这么小的力气。

同学：找路人一起。

同学：我觉得应该先打 120，因为老人抢救时间是黄金时间，如果你盲目把他救起来，他可能会碰到伤口。

同学：我觉得应该先看看老人的身体怎么样，他有没有哪个地方有损伤，如果伤得不是很重，就先把他扶到路边休息，如果伤得比较重，就打 120。

陈小雄：下面我们请出广州中医药大学研究生，我们的专业人士来回应同学们的问题，看看有什么好办法来解决。有请夏大添哥哥。

夏大添：各位老师、各位专家，大家下午好。大家刚才说的基本上都比较全，我在这里比较惊喜，大家都知道相关的知识点。其实我们在大街上看到一位老人摔倒的话，像刚才很多小朋友说了，是不应该把他扶起来，为什么？因为怕老人家受到第二次受伤。碰到一位老人家摔倒，首先察看是否意识清楚，是否昏迷，如果他昏迷了，就不要把他扶起来，就马上打120。因为你把他扶起来，会有各种各样的情况发生，这种时候应该找专业人员，当然专业人员是120叫过来的，而不是大街上都是专业人员。另外，上去跟他说老人家你有没有什么不舒服？老人家可以回答你的话，证明他的意识是清楚的，这个时候我们就要从头到脚看看，有没有什么异常的地方？看他有没有头痛、脸歪，因为老人家摔倒不一定是摔倒，有可能是先晕倒再摔倒，如果先晕倒再摔倒的话，很多时候有可能是中风。一方面，我们要关注手脚，手脚痛不痛，因为老人家的骨头，就像刚才小朋友所说比较脆，腰也是比较脆，很容易导致压缩骨折，就是骨头断开了。如果我们看到老人家摔倒在地上马上扶起来，有可能导致小朋友所说的二次损伤，这是比较严重的。如果老人家这方面都没有问题的话，我们就把他慢慢扶起来，如果可以的话叫到旁边的大人一起来协助，扶到一个安全、安静的地方，进行休息；如果出血的话，我们应该尽量给他止血，特别是大的出血。说到止血，我们有一个方法，就是压迫止血，在找一些衣物，或者找纸巾，红领巾也行，压在出血的地方。基本上要点就是从头到脚，有没有头痛，有没有头晕，嘴巴歪不歪，说话清不清楚，背上痛不痛，有没有流血，基本上就是这样的思路。

陈小雄：谢谢夏哥哥，给我们从专业的角度做了一下介绍，我们做好事也要学习做好事的技巧和方法，另外还有一个问题是要注意保护好自己，最好要找到其他的人做证。甚至有些人真的说不好听，就赖上你了，有一些人证和物证比较稳妥，这也是我们要思考的，做好事不要随便让人诬赖。接下来我们要议论什么问题？

柯乐：你是否参加过志愿服务活动？有什么收获、体会和建议？

陈小雄：2010年11月12日亚运会在广州举行，整个广州城都动起来了，我们个个都是东道主，人人都是志愿者。再问一次，做过志愿服务的多不多？不是很多，请放下。我们学校等教育部门今后有很多事情需要去做了。同学们还没讲志愿体会之前，先请来自广州妇联的妇女志愿者严兰云姐姐，向我们介绍一下她做志愿者的一些体会。

严兰云：谢谢在座各位的掌声。很高兴广州市儿童活动中心给我提供了这个平台，能参加小主人论坛，共同探讨学习雷锋精神和参与志愿者服务。我本人是妇女志愿者和家庭志愿者，在亚运期间，我参加过亚运和残运会文明、服务、咨询、引导、交通协管，在中心的平台里我也参与过很多活动。在服务当中，收获很大。首先儿童活动中心作为教育机构，它不单作为特色教育培训和主题教育培训机构，还把教职工、家长等等参与社会管理方面，纳入到日常管理工作当中。我作为儿童活动中心的家长，我也非常赞同儿童活动中心搞志愿者服务，在参加服务当中，我感觉到不单单是一点一滴的收获，更主要的是在日常生活当中，更好地利用自己资源，以及自己所长，为有需要的人提供帮助，使我们整个社会更加和谐，更加文明发展。

下面我提一点个人的建议：首先，我觉得既然中心搞这么多志愿者服务，我觉得应该扩大宣传，让社会上更多的人，更多的同学，更多的家长，更多的社会人士知道我们中心开展了这些活动，扩大宣传的影响力，使更多人参与到志愿者服务队伍当中，让社会有更多的雷锋，不要说雷锋叔叔三月来，四月走，让我们月月有雷锋，日日有雷锋。

第二，光靠一个中心是有限的，所以要整合社会资源，加大资金投入，确保我们的志愿服务能够长期有效地进行下去。

第三，作为我们的志愿服务机构，应该建立一个完善的长效管理机制，不断地丰富活动内涵，使我们的志愿服务更加有生命力和活力，让我们这个队伍有越来越多的人参与进来，使我们的社会变得更加美好。谢谢。

陈小雄：下面请刚才举过手的同学说说，你们做志愿服务的时候，自己怎么想的，有什么收获。

同学：学校组织我们去残疾人活动中心表演节目，我十分喜欢这个活动，因为这个可以让残疾人知道整个社会对他们的关心。

同学：上次我去看望了一些老人，那些老人他们虽然行动很不方便，但是他们内心有一颗很善良的心，他们很需要我们的关爱。

陈小雄：那些老人都很孤独，需要我们的关爱。

同学：我们去孤寡老人院去帮助他们，做完之后心里有一种满足感。

同学：我们班组织过去云浮的留守儿童那里，关爱他们，我认识了一个好朋友，他当了我的笔友，在我们的沟通当中，我发现他们有很乐观积极向上的心态，我们应该去学习他们的这种精神。

陈小雄：跟留守儿童有交流，互相帮助，这也是很好的方法。我们请小市长来回应一下。

小市长：我参加羊城小市长评选的时候，儿童活动中心组织了一些活动，让我们当志愿者，那就是对垃圾进行分类。当我们面对一堆垃圾的时候，我们所有的小市长就开始把那些塑料瓶，还有一些不可回收的垃圾，分别投入相应的垃圾桶，那一刻觉得自己很快乐，广州也快乐，大家都快乐，我觉得这是当志愿者内心发出来的感受。

陈小雄：这是我们小市长竞选的环节，他们记忆犹新。

小记者：有一次我们去老人院，在那里我们跟老人做手工，他们露出天真的笑容，我觉得非常快乐，做志愿者一定要有一颗真诚的心。

陈小雄：掌声感谢，做志愿者要有一颗真诚的心非常重要。我们把如何学习好雷锋精神，与我们的志愿服务结合起来，我们新上任的陈建华市长，希望我们今年2012年把广州打造为"志愿者之城"，既然3月份是学雷锋志愿服务行动月，我们家长以及同学有什么好的想法，可以跟大家分享。

同学：如果我们学习好雷锋精神的话，世界上就会有很多爱，世界就会变成美好的春天。

陈小雄：这位同学展望未来，世界更美好，只要我们有爱。

同学：我认为我们不单要自己学雷锋精神，我们还要让自己的亲戚、家人或者好朋友，更多的人学雷锋精神，让这个世界变得更美好，每个人都充满着快乐，让雷锋精神发扬光大。

陈小雄：这位同学说得很好，不单是自己做，还要发动身边的人，我们的家长，我们的朋友一起来投入到活动中。

同学：很多人学雷锋，就是喊口号，我们应该用实际行动来证明，而不是说喊口号帮助别人，在实际当中并没有做。比如说在作文当中写了很多扶老奶奶过马路之类的，但是实际上并没有做。

陈小雄：这位同学说了一个很现实的问题，学雷锋不是一句空话，我们小学生的作文，经常写这些写得很美好，但是不是自己做过要打一个问号。

同学：我觉得学雷锋，应该从小事做起，从身边做起，让身边的人和我们一起学雷锋。

陈小雄：有没有家长朋友，你希望你的小孩做志愿者吗？特别是想请一位男家长，有没有大人家长回应一下？

家长：社会跟学校提供多点平台给孩子们参与社会的志愿者服务，从身边的生活环境做起，参与社区的有关活动，简单的先从社区起，每个星期或者每个月做一次这样的活动，他们就会形成一种习惯。

陈小雄：好，谢谢这位家长，我现在很准确地告诉你，待会儿这个活动结束，马上可以在这个现场报名，家长带着小孩，我们招募家庭志愿者，包括我们这些平台和阵地，都是有义务响应学雷锋志愿服务的，待会儿有兴趣的家长可以登记一下。

同学：我觉得应该唤醒有些人对雷锋精神的认识，使他们知道雷锋精神是什么，他才能去做更多的好事。

同学：我觉得学雷锋应该每月每天都要这样做。

陈小雄：这位同学提出不要只是在3月做好事，我们一年当中的每一天都要做好事。

同学：我们应该多参加一些义工活动。

陈小雄：参加义工活动也是志愿者的活动范围。

同学：我觉得学校应该组织一些志愿者的活动。

陈小雄：好，这位同学对我们学校也提出期望，学校有机会也可以组织我们的同学去做这些志愿服务。

同学：我觉得学雷锋是一个思想和心态的问题，如果你只是行动上做，而你的思想和心态是另一番思考的话，我觉得这样做没有必要。

陈小雄：这位同学提出一个问题，思想跟行动，不单单思想有学雷锋的想法，还要有学雷锋具体的行动。下面我们请出教育专家晏秀祥老师为我们做总结发言。

晏秀祥：尊敬的袁书记、刘主任，还有我们的专家，大家下午好。非常荣幸今天下午应邀参加"学习雷锋精神，参与志愿服务"小主人论坛活动，整个活动参与过程我非常兴奋。为什么呢？因为在活动中也让我回到了童年，我们小时候像各位这个年龄，是天天都在学雷锋，是在这样的环境中长大的，所以今天这个活动唤醒了我童年的回忆。第二，听到老师、家长、同学们对雷锋精神的各种表达、观点交流，我从中

得到了非常多的启发，感觉到雷锋又回来了，而且不止一个，是千万个雷锋回来了。借此机会受我们书记的委托，在这里想跟大家谈一点想法。我想谈三点意见：第一，把大家的东西综合一下，雷锋精神是什么？第二，小学生学习雷锋学什么？第三，谈一谈我们该怎么学。

雷锋精神可以概括为四点：一、也是非常核心的一点，是为人民服务的精神，或者叫奉献精神。奉献精神具体在什么地方？雷锋同志热爱社会公益，助人为乐，扶贫济困，见义勇为，善待他人。善待，不光是善待他人，首先应该善待谁？善待自己。因为我们在成长的过程中，如果自己对自己都没有照顾好，一点点事都闹情绪，一点点事都郁闷，那么你自己的成长是不健康的，你自己成长都不健康，你能不能帮助别人呢？第二个善待就是善待身边的人。善待身边的人，跟我们接触最多的人是谁？爸爸妈妈，可是我在各地讲课的时候，很多妈妈很沮丧，也很伤心，向我咨询，我的乖儿子、宝贝女儿，三年级前蛮不错，到了四年级、五年级变了，看我什么都不顺眼，老跟我对着干，所以善待别人首先要善待我们的父母，因为父母是养育我们的最亲最亲的人，如果我们对父母都没有一份爱心和感恩的孝心，你到街上

扶老奶奶，就像我们很多同学说的是流于形式。第二点，就是钉子精神，钉子精神是什么？就是干一行爱一行钻一行。爱岗敬业，我们的岗是什么？就是学习，我们把自己的事做好了是不是对自己的帮助？是不是对家庭的帮助？是不是对社会的帮助？所以我们叫干一行爱一行钻一行。热爱什么？热爱本分的工作。第三，点雷锋的精神是螺丝钉精神。就是只要社会需要，放到什么地方都可以甘于平凡。第四点，对我们特别重要，就是艰苦奋斗的精神。艰苦奋斗并不是说我们要穿破破烂烂的衣服，天天都吃窝窝头，而是告诉在座的诸位，要勤奋、要节约。很多同学吃要吃最好的，穿要穿最好的，看别人身上穿名牌，回去向爸爸妈妈提要求，有没有这样的？有一些同学买一双鞋要一千多块钱，很多同学压岁钱就有几百上千块钱。今天参与这个活动要检讨自己，我们今天花的钱是自己挣的吗？花别人的钱不心疼，父母的钱也来得不容易，所以我们说艰苦奋斗，勤俭节约，重在勤俭节约，在满足合理的需要下要节约。

二、小学生学习雷锋精神学什么？不少同学已经对雷锋精神理解得很深，学雷锋不是一句空话，不是一句大话，也不是套话。不是写作文的时候上网浏览一下，摘抄几篇然后就变成自己学雷锋的事。雷锋跟行动是很具体的，刚才我们这位同学讲，学雷锋是从身边的事情做起，是从小事做起，我还要添一句，要从现在做起，而且是永远地做下去，不是雷锋三月来，四月走。那么身边的事是什么？刚才我们跟袁书记在听别人发言的时候，也在交流，整个话题好像有30%以上的话题都在谈老奶奶的问题，学雷锋就是把老奶奶搀扶着过马路，雷锋精神是不是就是这么一点？不是的，那么我们在学习中帮助有困难的同学是不是学雷锋？我们把作业拿过去让他抄，这不是学雷锋。同学家庭有困难，学习提不上去，我们帮助他这个叫学雷锋。需不需要到马路上？所以从身边的事做起，从小事做起。

三、怎么样学雷锋？我想给大家提三点建议：第一，学雷锋要结合自己的实际情况来学，因为我们是小学生，必须在选择学雷锋活动的时候，跟年纪要相符。比如说见义勇为，看到两个歹徒搏斗，我们能不能上去？不能，因为我们年龄还小，正在长身体的时候，在这个时候不能说年龄小没有作为，我们可以打110，可以求助其他人。所以我们讲小学生学雷锋首先要在学的过程中，保护自己，在自己健康成长的前提下，用我的智慧既帮助了别人，又保护了自己。第二，参与到社会公益

刘武副主任颁奖

活动中去，因为我们个人的力量很单薄，我们参与到团队活动中去，就会让一个个单薄的力量拧成一股绳，形成一股很强大的力量，而且在公益活动中，往往都是专业机构组织的，他们是有计划、有组织，而且是有准备的，这样更有针对性，更有成效。第三，学雷锋要从现在做起，从小事做起，从身边的人做起，然后永恒地做下去，让雷锋精神代代相传。

最后祝我们小主人论坛活动越办越好。谢谢大家！

陈小雄：非常感谢晏秀祥老师这么精彩的总结发言。

有六位同学刚才在小主人论坛里面发言比较好的，我们将送出奖励，每个同学赠送一张由百万葵园提供的门票，价值130元。

陈小雄：下面请我们的刘武副主任上台颁奖。

陈小雄：小主人论坛活动学雷锋，大家都很热烈，家长小孩一起来参与我们的讨论。最后补充一句，学雷锋，我们要学一个字，那是什么字——"爱"，希望同学们爱你的伙伴、爱你的家人、爱你的学校、爱你生活的城市、爱你的祖国。大爱无边、大爱无疆。我宣布第21期小主人论坛到此结束。谢谢领导、嘉宾、老师和同学们的参与，下次活动再见！

第23期

小主人论坛

——垃圾分类大家谈

时间： 2012 年 12 月 16 日（周日）上午 9:00—11:00

地点： 广州市儿童活动中心文化广场

主持： 广州市儿童活动中心　陈小雄

主持人： 各位领导、各位嘉宾、各位家长、同学们，早上好！

我是广州市儿童活动中心主持人陈小雄，下面介绍一下参加这次小主人论坛的领导和嘉宾，他们是：

广州市儿童活动中心副主任　古方；

广州市儿童活动中心副主任　刘武；

广州市城管委分类管理处副调研员　吕美好；

白云行知职业学校团委书记　朱彬军；

第八届羊城小市长　李昱雯、刘贝儿。

下面我宣布第 23 期小主人论坛活动现在开始！

我前几天参加一个小主人保护的论坛，台下坐了很多少年儿童，台上坐的都是大人和嘉宾。而在我们儿童活动中心，真正把少年儿童作为主人，今天你们有很多机会就垃圾分类的工作怎么开展，以及有什么看法和建议畅谈，你们才是真正的主人。

懂得和知道广州市进行垃圾分类的同学请举手！（99% 的同学举手）垃圾分类，到底分为哪几类？

小主人：4 种。

主持人：哪 4 类？

小主人：可回收、有害、厨余、其他。

主持人：广州市每天产生的垃圾很多，到底广州每天要产生多少垃圾？

小主人：4 吨。

主持人：我们这个城市的人都不知道怎么生活了，一天产 4 吨垃圾？

小主人：广州有多少人，每天都会产生一些垃圾，有多少人就会有多少吨垃圾。

主持人：不知道这个大家是否正确呢？下一位小主人。

小主人：大概产生 2 千多吨。

小主人：80 万吨垃圾。

小主人：3 千吨。

小主人：60 万吨。

小主人：250 吨。

小主人：500 吨。

主持人：下面我们请出专家回应这个问题，请大家记住她的名字，看到她，我们的家园、生活就十分美好，有请美好阿姨。掌声有请！

吕美好：看来小朋友都有积极参与垃圾分类、关注垃圾分类，大家也在思考这个问题。在 2011 年全年每天的垃圾量是 1.8 万吨左右，一天大概清运处理 1.3 万吨左右。

现在都是独生子女，做主的人是你们，爸爸妈妈都听你们的。垃圾分类，小朋友在家里起着很关键的作用，要改变我们现在的现状，就需要靠你们这些小主人们，最能改变世界、最能影响世界的生力军。垃圾分类也是如此，垃圾分类需要从我们这些小朋友做起。胡锦涛总书记来广州调研时，也曾提到，垃圾分类要从娃娃做起。

广州的垃圾分为 4 类，可回收物、厨余垃圾、有害垃圾与其他垃圾。可回收物方面，同学们都知道，按照陈建华市长提出的能卖则卖，能卖的就属于可回收物。如果说垃圾全部不分类，混在一起，就只能作为垃圾处理。假如说我们分了类，垃圾就是放错了地方的资源，可回收物和其他的垃圾放在一起就是垃圾了，像纸我们可以再造纸，塑料我们可以加工成其他塑料产品等等，玻璃也可以重新再造，金属也可以重新再加工，进行资源再利用。厨余垃圾分类出来，就可以作为堆肥或者制沼气等资源利用。有害垃圾虽然很少，如果分类出来再进行处理，虽然占我们生活垃圾 1%的分量，但是分类出来后，就可得到有效处理。其他垃圾也可以焚烧，焚烧可以发电，电就可以供给家庭使用。

主持人：谢谢美好阿姨。下面我想请问同学们，垃圾分类有什么好处？

小主人：废纸如果回收可以制成再生纸，可以节约木材。

小主人：减少对环境的污染。

小主人：像一些塑料在地下 200 年都不会烂掉的，会污染环境。

小主人：如果垃圾分类做好了，一些无害物品放在其他地方就不能回收，就会对环境有影响，能回收就能多一份力量。

小主人：垃圾分类不用让所有垃圾一起处理，让它们分开处理，就可以减少污染。

小主人：垃圾分类可以减少占地，有一些垃圾是不易降解的，会更多占用土地，如果垃圾分类可以把垃圾变废为宝，不用埋在土里面，可以减少大约一半的占地。

小主人：塑料品可以拿去回收，如果变成石油正好符合地球环保主旨，就是有限的资源无限的循环，这样我们就不会浪费更多的资源。

主持人：我们地球的资源是有限的，但是我们可以无限的利用循环，让它们变废为宝。下面家长可否回应一下垃圾分类有什么好处？

家长：垃圾分开之后就变成宝了，如果有毒的物质，像电池、废旧钢管埋在地下后会污染土壤，土壤因为有毒，植物生长出来后，比如说一些菜，吃到人的肚子里后，就会对身体有害。小朋友们如果多学习这些知识，会让广州变得更加漂亮。

家长：地球资源是有限的，垃圾是放错地方的宝贝，只是没有利用起来，垃圾分类可以把放错地方的宝贝重新利用起来，减少土壤的污染，如果垃圾埋在地下，会污染土壤，造成人类的危害。

主持人：这位家长说得很好，其实垃圾是放错了地方，如果放对了地方，就不一定是垃圾了。

大家基本上有了统一的认识，垃圾分类有很多的好处。下面我想请问各位，你们的家庭、小区有开展垃圾分类的请举手！（**60%举手**）垃圾即将围城，我们有一些什么好的建议、好想法、好点子？

小主人：如果垃圾随便乱扔，就会到处很脏，让一些树木无法生长，这样也会减少木材。

主持人：下面我们请小市长李昱雯讲一下她的建议。

李昱雯：第一，要控制垃圾量。第二，循环使用。第三，对物品进行维护保养，延长使用寿命。第四，拒绝不环保的物品。第五，重复使用，我们要物尽其用。比如说环保购物袋和环保饭盒，都可以重复使用，这就是我的建议，谢谢。

主持人：谢谢小市长，简明扼要，也说到点子上，希望她的发言给我们一些启示。

小主人：出门带餐具，这样就减少污染了。

主持人：上街的时候，在包包里放一个准备吃饭的餐具。

小主人：可以用一些垃圾做成生活用具或者艺术品，既可以减少垃圾，也可以为自己的生活增添许多风采。

主持人：可以把垃圾变成艺术品，这也是很有创意，就看你怎么创作怎么做了。

小主人：购物的时候尽量带一些环保袋，走在大街时，我们可以看到很多垃圾分类的垃圾桶，但是我不知道同学们是否按照上面的指示将垃圾分别投入，还是说为了赶时间，而把垃圾随意丢弃。垃圾分类就是可回收垃圾、不可回收垃圾和有害垃圾，应该分别投放，我希望同学们应该增强垃圾分类的意识。

主持人：少年儿童怎么增强垃圾分类的意识？下面我们请志愿者姐姐们回应一下。

志愿者：社会应该重视垃圾分类的工作，因为只有社会重视了，才能动员到儿童身上，动员到各个成人身上，让垃圾分类的工作做得更好、更全面。

家长：首先是政府层面，从学校校园开始，每个学校对孩子进行垃圾分类教育，在校园里摆放四种不同垃圾的垃圾桶，进行感性形象的认识。政府从社区方面入手，虽然现在广州已经有一些垃圾分类的试点社区，但是远远不够。比如说我自己所在的小区，有很多家庭都希望进行垃圾分类，可是社区里面，就算把厨余垃圾分离出来，可是社区里面没有厨余垃圾分类桶，我希望政府能够加快这方面的举措，使垃圾分类不仅仅是口头方面的号召，而是落到实处，有实实在在的行动。谢谢。

主持人：建设美好家园，更希望政府部门在社区家庭中开展好垃圾分类。刚才

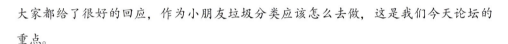

大家都给了很好的回应，作为小朋友垃圾分类应该怎么去做，这是我们今天论坛的重点。

小主人： 我们要时刻准备着一些垃圾袋，像在没有垃圾桶的地方，可以先把自己产生的垃圾丢进自己准备的垃圾袋里，找到垃圾桶的时候再扔进去，这样就不会随便乱扔垃圾。

主持人： 一上街，口袋里要有垃圾袋，我们的邻国，日本、韩国，一场大型足球比赛结束后，几万人的会场几乎没有留下什么垃圾，他们做得非常好。

小主人： 学校经常会组织秋游、春游等活动，我们应该自动备好垃圾袋，比如说吃完零食后，把它进行分类，丢到相应垃圾桶内，有了学生的行动，相信广州会变得更美好。

小主人： 当看见街上的垃圾桶旁边有垃圾的时候，应该捡起来扔进垃圾桶，如果爸爸妈妈忘记带环保袋，应该提醒他们，这样才能让社会上的垃圾减少。

主持人： 以后小朋友跟大人上街时，出门前先提醒家长有没有带环保袋。大家说好不好？（好！）

小主人： 我建议大家都使用充电电池，就可以不用产生太多废电池，因为这类有害垃圾没有什么办法能去处理的。

主持人： 多用充电电池，尽量循环再用。

小主人： 我觉得去商店的时候，应该自带环保袋，不要用商店里一次性的袋子。

小主人： 不把垃圾随便扔在路边上，按照垃圾的类型放到应该投放的垃圾桶里。

小主人： 心动不如行动，可能有一些同学经常嘴上说说要垃圾分类，可是一到餐馆等地方，就会忽略一些小细节，就会用一次性的筷子，因为一次性筷子是需要砍伐树木而造成的，所以我建议大家去不用一次性筷子的餐馆吃饭，谢谢大家！

小主人： 在家庭里，找爸爸妈妈、爷爷奶奶开一个小会，跟他们说垃圾要分类，把厨余垃圾装好后，放到楼下厨余垃圾桶里，这样让家庭成员也知道什么是垃圾分类。

主持人： 你家里面有没有开展垃圾分类？

小主人： 有。

主持人： 有没有开过会？

小主人： 有。

小主人： 每个家长扔垃圾的时候，要提醒他们分类投放，不然有一些家长不重视垃圾分类，就随便扔在垃圾桶或者地面上，这样会产生很多垃圾，所以要提醒每一个家长，让他们记得垃圾分类，把垃圾投放到相应的垃圾桶内。

小主人：看到别人乱丢垃圾在地上，我们要过去提醒。

小主人：我们去酒店时，最好自带牙刷，不要用酒店的。

主持人：酒店已经取消一次性用品了，所以以后要提醒家长要自备牙刷。

小主人：在学校里时，看见有学生随便乱扔垃圾，让他把垃圾丢到垃圾桶里。在路边看见垃圾桶旁边有很多垃圾时，就应该捡起来扔到垃圾桶里面。

小主人：每人少吃一些口香糖，每人少放一挂鞭炮。

主持人：广州市内不许放鞭炮。

小主人：我的意思是，每次少吃一块口香糖，不产生垃圾。

主持人：新加坡乱吐一块口香糖要罚款的哦。刚才同学们都说了很多好建议，作为少年儿童应该要怎么做，在家庭里怎么起到模范带头作用。接下来大家想一想，垃圾几乎每年都在递增，做好垃圾分类，目的就是为垃圾减量，把总量减下来。大家想一想有什么好方法，能够把垃圾总量减下来？让垃圾减量你有什么好点子和建议？

小主人：垃圾分类。

小主人：安装食品处理器，从源头减量。

主持人：大家还有什么好建议？

小主人：洗菜的水可以用来浇花。

小主人：不要随地吐痰。

小主人：购物的时候尽量少用一些一次性购物包装袋。

主持人：我们到大商场要自备购物袋。

小主人：我觉得可以少用一次性物品，购物的时候可以用环保袋，也可以将自己用过不适合却还可以用的转交给弟弟妹妹或者他人。

主持人：我们一些旧的、不适合用的东西不要扔掉，可以转交给其他人。

小主人：可以少吃点零食，不要把垃圾袋到处扔。

主持人：小朋友都爱吃零食，在这里要呼吁我们的小朋友少吃零食，这是减少垃圾包装袋的减量措施。

小主人：我们吃饭的时候，可以把饭吃干净，不要倒饭。

主持人：也就是说厨余垃圾方面，要控制好，不要浪费粮食，也控制了厨余垃圾。

小主人：吃饭的时候少用一次性塑料饭盒，这样就可以减少白色污染。

主持人：不用一次性塑料饭盒，减少白色污染，这位同学说得非常好。

小主人：喝完王老吉的铁罐，是不可以回收的，那你就可以把它放在桌面上，小一些的垃圾就可以放在罐子里。

主持人：纠正一下，铁罐是可以回收的。

小主人：少用一些纸巾，应该用布手帕。

主持人：他建议我们用回布手帕。请问同学和家长，你们的口袋有布手帕吗？（8-10人），各位确实为环保、为垃圾减量做出了贡献，谢谢。

小主人：有一些老人不懂什么叫垃圾分类，要多宣传垃圾分类，让老人也知道什么叫垃圾分类，在可回收的塑料瓶上标上"可回收"的标志，让老人也知道把垃圾投放相应的垃圾桶内。

主持人：不但是我们的家长，还有爷爷奶奶，也要多宣传垃圾分类。

小主人：把我们不用的一些罐子做成小型的垃圾桶，放在桌面上，可以当做垃圾分类小桶，再投放到小区的垃圾桶里。

主持人：自己制作分类垃圾桶，而且有一些艺术性的创意，很好。

小主人：可以把纸类拿去卖，把厨余垃圾放入桶内，可以帮助植物生长。

小主人：应该用一种新颖的方法，政府给每个家庭配备一个垃圾桶，如果超过这个限制，就要收费。

主持人：这位同学提出一个很现实的问题，明年或者后年就要实行每个家庭按垃圾袋收费了。

小主人：把用过的包装袋保存起来，下一次再用就不用另外买垃圾袋了。

小主人：很多产品有几层包装袋，假如说那些包装袋都不用，可以减少很多垃圾。而且每天都有很多报纸，假如说这些报纸全部能在手机上看，这样也不会浪费很多纸张。

小主人：路边发的广告纸可以折一些盒子用来放垃圾。

主持人：我们积极响应市政府号召，在垃圾分类中，有很多好点子、好建议。接下来讨论一下作为家庭、学校和社会，怎么形成合力，做好垃圾分类工作，请听听专家的意见，有请美好阿姨上台，有请！

吕美好：开展垃圾分类，学校可以起到带动作用，小区可以带动社区开展垃圾分类，学生回到家里也可以带动家庭开展垃圾分类。同学们在学校的学习过程中，要提倡源头减量，尽量减少垃圾产生。

减少垃圾产生有什么方法，如果写字的时候，纸可以双面使用，尽量减少垃圾产生。一定要把垃圾分类好，可以有利于资源处理。小朋友平常喝完的牛奶盒、饮料盒是可以回收的，大家可以把它专门收集起来，有专门的公司做回收工作，在学校中都有配备大的可回收物桶。

在学校里吃剩的饭菜，大家有没有进行分类呢？可以把吃剩的饭菜分离出来，在学校可以叫做餐饮垃圾也可以叫做餐厨垃圾的桶内。学校的灯管，你们要提醒学校的电工，坏了的灯管要放在有害垃圾桶里。

其他垃圾，在学校大家会不会分类？在家里面也是如此，比如说家里面订的报纸、书本，可以把它收集在一起，作为可回收物。吃剩的饮料瓶也可以把它收集起来，可以拿去卖。

有害垃圾，比如说家里面的一些灯管、废药品、血压计、温度计，提醒家长把这部分的有害垃圾单独投入小区有害垃圾桶内。

还要做好干湿分开，提醒家长要把厨余垃圾分出来，其他垃圾有一些可能是可回收的，环卫工人还可以进行二次分解。如果厨余垃圾和其他垃圾混在一起，一些可回收物也会被污染，再回收会增加成本，所以提醒家长一定要把厨余垃圾分出来，做到干湿分开。

小朋友们，家庭垃圾分类大家会做了吗？

（小主人：会）

大家有可能会看到旧衣服作为可回收物回收，但是在广州，衣物作为其他垃圾，因为衣服有不同原料成分，如果要进行处理很复杂，旧衣服是作为其他垃圾。以后广州可回收物这一块的技术会提高，以前被列为其他垃圾的，也可能列为可回收物。

如果说有工厂把衣物进行回收做成别的产品，那旧衣物也可以列为可回收物。目前条件还不能，所以还是作为其他垃圾。

有一些物品单独投放时是其他垃圾，如果把它拆解一下，就是可回收物了。

比如说旧雨伞作为什么垃圾？小朋友们知道吗？

小主人：可回收垃圾。

吕美好：整把雨伞是其他垃圾，如果说把雨伞中旧金属拆出来，那旧金属是可回收的。很多垃圾在投放前，可以尽量把它进行拆分投放。可回收物四类：废纸、废塑料、废金属、废玻璃。

小主人：鲜花作为什么垃圾？

吕美好：我们修剪的树枝，它是属于有机垃圾，作为餐厨垃圾，可以拿去堆肥。

主持人：谢谢美好阿姨专业的指导。大家关于垃圾分类的知识，可以在网上和很多途径不断地丰富自己。

家庭、学校、社会，如何形成合力，做好垃圾分类的工作？大家有什么想法请举手。

小主人：衣服可以拿来做抹布使用。喝完饮料的铁罐，不仅可以回收，还可以用来做各种小的铁垃圾桶。

小主人：可以在学校或者社区、家庭里开展宣传垃圾分类的活动以及论坛，可以去大街上，做一些调查或者实践活动，比如捡垃圾、做工艺品等等。

小主人：让广大民众树立起环保意识，实行垃圾分类，从小事做起，这样才能为我们的后代创造更美好的明天。

主持人：下面请出白云行知职业学校团委书记朱彬军老师讲话，有请。

朱彬军：各位小朋友大家好，听了大家的发言非常有感触。就主持人所讲的题目，我跟大家分享一下我个人的想法。

不管是在家庭还是在学校或者社会，我们都是主人翁，对于垃圾分类，是主人翁应该做的事情。在家里怎么做，那么在学校、社会就应该怎么去做。

如果每天每人产生一公斤垃圾，广州市有1800多万左右常住人口，产生的垃圾就有1.8万吨左右，如果只产生一斤或者更少，那么我们的垃圾总量也会更少。

所以请小朋友记住，你们是这个城市的主人，是学校的主人，是家庭的主人。我认为每一个小朋友应该树立自己的主人翁意识，并且把这种意识一直宣传下去，跟自己周围的朋友、家长宣传这种意识，将我们的家园建设得更加美好，谢谢大家！

主持人：下面请出第八届羊城小市长刘贝儿来表达自己的想法。

刘贝儿：大家好，我是小市长刘贝儿。对于这个问题，我有一些想法跟大家分享一下。

在家中，可以设立一些垃圾箱，比如说在客厅、阳台等地方设立可回收垃圾桶，在厨房设立厨余垃圾桶，卫生间放置其他垃圾桶。可回收物可以直接交到物资回收点进行回收。我们学校垃圾分类做得十分好，有一个箱专门放学生们喝完的饮料瓶，我们会把饮料瓶喝完后洗干净，把瓶盖盖好后扔到大纸箱进行回收，一两个月就可以集一箱饮料瓶回收可以卖钱，又可以环保，又可以筹得班费，这是非常好的做法。垃圾分类在社会上，主要是靠居民和社区，比如说像居委会的宣传，首先要培养大家垃圾分类的观念，积极开展宣传活动，如果垃圾分类成为每个人的自觉和习惯性动作，相信大家都不会觉得这是很烦琐的事情，都会很自觉去做，而且觉得参与这件事是很有意义的，因为是为幸福广州出一份力，谢谢大家！

主持人：谢谢刘贝儿，很具体、很系统，还有实例。

接下来小朋友们有想法也可以发言。

小主人：我觉得家庭应该配合社区做好垃圾分类的工作，及时分好厨余垃圾和有害垃圾，学校应该教育师生，平时要做好垃圾分类的工作，懂得由我做起的道理，这样才会让城市和社会变得更加美好。

小主人：我希望在家里时，每一个人都可以起到带头作用，在学校或者在社会时，要有一个负责人，在那一块区域由他负责，所有人就可以跟着他一起做一些垃圾分类的工作和活动。

家长：我们家长应该从自己做起，家里的鸡蛋壳、茶叶，可以拿来作为种花的肥料。

小主人：社会应该提供一个好的环境，让大家做好垃圾分类，学校和家庭应该自觉遵守分类的规则。家庭和学校应该从源头做起，减少垃圾的产生，尽量使用可循环使用的物品，减少垃圾产生。

主持人：下面请出回民小学刘老师为论坛做小结，掌声有请。

刘老师（回民小学）：各位小朋友，早上好。刚才听了小朋友对垃圾分类的一些认识，我特别的高兴，因为从同学们的发言中可见，他们对垃圾分类的知识掌握

得非常好，有的同学提到垃圾分类的金点子，有的同学说到在家里面吃完的饼干盒子或者罐子，把它放在书桌上，可以当做回收物，再把回收物投放到垃圾桶内，这样是非常好的。还有上街的时候自带环保袋，这也是非常棒的想法。刚才加上美好阿姨给我们的介绍，相信同学们对垃圾分类的知识更加了解了。

今天的活动是小主人论坛，小主人指的是谁？（**我们**），就是我们在座的每一位小学生，通过同学们的行动向周边的朋友、老师、同学或者说爷爷奶奶，宣传垃圾分类的好处，让他们跟我们一起做好垃圾分类的工作。陈建华市长跟我们说过垃圾分类三句话，大家还记得吗？"能卖拿去卖，有毒单独放，干湿要分开"，通过小朋友的宣传，我相信广州会变得更加好，同学们能做到吗？（能！）

相信我们的城市有同学们的支持，有家庭、社区的支持，我们的城市会变得更好漂亮。

主持人：今天小主人论坛暂告一段落，下面是颁奖环节。"让宝物回家"颁奖活动。2012年度"让宝物回家"十位优秀志愿者；2012年度"让宝物回家"环保积极分子；2012年度"让宝物回家"环保达人。

主持人：第23期小主人论坛到此结束，谢谢大家的参与，我们下期再见！

第 24 期

小主人论坛

——小学生**减负**大家谈

时间：2013-09-15

地点：广州市儿童活动中心文化广场

主持：广州市儿童活动中心　陈小雄

　　　广州市第九届羊城小市长　张熹

　　主持人：各位领导、嘉宾和同学们，早上好！小主人论坛又跟大家见面了，今天是第 24 期小主人论坛活动。小主人论坛是广州市儿童活动中心校外教育品牌活动，深受少年儿童的欢迎和支持。小主人论坛是提供给孩子们对时政、民生、社会、教育等发表意见和建议的平台，是对小公民进行思想道德教育的一个重要阵地。

　　现在我宣布由广州市儿童活动中心、《岭南少年报》共同主办的第 24 期小主人论坛活动现在开始。

　　首先介绍一下参加这次论坛的领导和嘉宾：

　　广州市儿童活动中心主任　古方；

　　广州市儿童活动中心副主任　刘武；

　　岭南少年报编辑总监　吴敏婷；

　　广州家庭教育讲师团讲师、儿童心理学家　晏秀祥；

　　羊城晚报记者　陈晓璇。

"中心"古方主任致辞

还有第九届羊城小市长，让我们以热烈的掌声欢迎各位领导和嘉宾。

还有来自登峰小学、东风东路小学、集贤小学的同学们及《岭南少年报》的小记者们。

欢迎各位的到来，这次小主人论坛以减负为主题，希望各位专家、老师、家长、同学踊跃地发言。下面请出广州市儿童活动中心古方主任致辞。

古方：亲爱的同学们，尊敬的老师们和媒体朋友们，早上好！

第24期小主人论坛今天开坛，这个活动一共延续了十几年，跟羊城小市长的时间差不多，我们能坚持下来，主要就因为羊城小市长活动和小主人论坛都深受广大少年儿童、家长、老师们的喜爱，我们想通过小主人论坛这种形式，把很多大家共同关心的问题摆给孩子们，通过他们自己的思维对碰，把提出来的问题在这个平台中有更多的释放，发表更多的意见和倾听孩子们的心声。

今天的主题，就是因为今年的8月教育部出台了《小学生减负十条规定（征求意见稿）》，我们想通过小主人论坛，把我们的心声，把我们需要得到更多政府和社会支持的愿望说出来，也想通过这样的活动，让孩子们发表自己的意见，展示自己的风采。

相信今天的论坛，会随着主题的深入，出现非常精彩的场面。最后，预祝今天的活动取得圆满成功，谢谢大家！

主持人：谢谢古主任。有一些同学认识我，因为我在这里干了二十多年，很多活动、策划都跟同学们有关系，而且今天的小主人论坛也根据中央的八项规定，廉洁办会，舞台布置以前都是很高档的喷画，现在都是很简单地贴几个字，这是体现小主人活动也要参与到中央的八项规定里面。

接下来第一个小问题，每位同学都要参与，现在到目前，小学生都有作业吗？

同学们：有。

主持人：现在我们功课的负担，你们觉得重的（包括台上的同学），请举手。台上都没有举手，都觉得不重，我很高兴看到东风东路小学没有一个觉得负担重的。觉得没有功课负担的，也举了很多，刚才有一些重也不举，不重也不举，现在东风东路小学基本上不重的，集贤小学的大部分说不重的，看来减负做了很多年，已经初见成效了。

我们再了解一下，教育部十项减负的规定是哪一些内容？1、阳光入学；2、均衡编班；3、"零起点"教学；4、不留作业；5、规范考试；6、等级评价；7、一科一辅；8、严禁违规补课；9、每天锻炼1小时；10、强化督查。教育部相关负责人指出，小学生课业减负是一项复杂的系统工程，需要政府、学校、家庭、社会共同努力，《小学生减负十条规定（征求意见稿）》面向社会公开征求意见，这是要充分听取社会各界对减负工作的意见与建议，集思广益，确实把小学生过重课业负担减下来，避免出现"学校减负、社会增负"、"教师减负、家长增负"的现象。

接下来请同学们举手发言，有哪一些同学觉得课业的负担比较重，举一些例子。

同学：作业很多。

主持人：举一个例子，语文、数学、英语一天做多长时间？

同学：说都说不清，上一年暑假我都做了五本语文、两本数学、一本英语、一本综合。

主持人：是一个月或是两个月，还有同学们举手发言。

同学：我是四年级的，家庭作业多。

主持人：告诉大家，每天要做什么？

同学：语文、数学、英语很多。

主持人：总共多长时间完成？

同学：一小时。

主持人：一小时不是很多。有没有补充的？

岭南少年报小记者：我有四个兴趣班。

主持人：这是课外的负担吗？

岭南少年报小记者：有时是。

同学：两篇小练笔，一篇作业，还要预习。

主持人：预习这是学习习惯。有没有要补充的，请把真实的情感表现出来。

岭南少年报小记者：我是二年级，差不多每个星期都要做一页的字卡。

主持人：要写英语吗？

岭南少年报小记者：英语暂时是听读。

主持人：还有没有同学说现在课业重的？把自己的真心话说出来。

同学：每个星期做完老师布置的，还要做家长的，感觉很多，我是五年级的。

主持人：五年级是有点多了，具体地说什么多？

同学：英语多。

主持人：你觉得学英语有好处吗？

同学：有。

主持人：最多是语文、数学，还是英语？

同学：英语。

主持人：东风东路小学有人举手了，刚才有人说不多。

同学：家庭作业非常重的。

主持人：家长布置的？

同学：是的。

主持人：有道理，具体说一下。

同学：每天写完作业之后，要做很多课外班的练习卷，还要背课外的，要晚上11点多。

主持人：家长有来吗？

同学：没有。

主持人：所以够胆说？掌声鼓励一下。还有没有大胆的？有家长、老师都敢说的。

同学：对于我来说比较多，因为我写作业本来就很慢，还有一些课外班要补习之类的要写到11点、12点。

主持人：刚才问东风东路小学觉得课业重的，你有没有举手？

同学：没有。

主持人：看到人家不举，你就不举了。

同学：星期五作业，回家想玩一会儿，但是我妈妈让我写，写完了，星期六下午也要去上毛笔课，晚上又赶回来去上跳舞课，我是五年级。

主持人：学校给得多，还是家长给得多？

同学：家长。

主持人：家长今天没有过来？

同学：没有。

主持人：有没有同学觉得现在课业负担比较重的？我们倒过来问，很多同学觉得现在负担不重的，请那边的同学说一说，也就是说不需要减负了。东风东路小学同学很多举手。

同学：我觉得不重，因为我们作业一个小时或是半个小时完成。

主持人：在学校里面完成？

同学：是的。

主持人：回到家干嘛？

同学：做家长的作业。

主持人：还有没有要补充的？

同学：我觉得作业不重，在学校就可以把作业完成，回家就是检查，妈妈布置的作业也不是很多。

主持人：现在请家长来回应，刚才有一些同学说，觉得负担来自于家长的，还是有一定的比例，有没有家长回应一下。有家长举手，掌声鼓励鼓励，听听家长怎么看。

家长：我留的家庭作业比较重，比较多，尤其是暑假阶段，在7月5日参加临时考试，英语考了76分没有过关，整个暑假从7月5日一直到8月28日，一天都没有休息。发烧到了39度，白天还要去上补习班，晚上还要去省医院打吊针，我想对孩子说对不起。刮台风，我说女儿不要去上学了，我去请假，但那样的情况下，她自己背着书包乖乖去上学。还有星期六，早上8点半到10点半，一直在补课。现在国家出台小学生减负措施作为妈妈，我应该要反省一下自己，家里两个孩子，每天在完成老师的功课后，会附加英语、数学、语文，每天都要听写英语单词，听写不好，就会罚抄。我回到家会好好反省自己，给他们一个愉快的童年。

主持人：请刚刚发言家长的孩子发言。

同学：我会好好学英语。

主持人：跟妈妈抱一下，减负对教育工作者都是一个考验，很多年前已经说过减负，家长担心小孩跟不上，老师担心减负成空谈，媒体担心会反增负，校长会担心砸招牌，专家会担心无效果。好的，从这个角度问一问三个学校的带队老师，作为老师的角度怎么看减负，有没有担心成空谈或是其他的担心？

东风东路小学张老师：其实减负对于孩子成长非常好，因为我们学校的老师在布置作业这方面，都能照顾到孩子们，孩子们都说，学校的作业在家里大概半小时到一个小时都可以做完。大多是家长给予的负担，也可以理解家长，因为我既是家长，也是老师。从家长的角度来想，可能会觉得，心态上，孩子不能输在起跑线上，就造成我的孩子不能输给其他的孩子，所以会给孩子额外的作业，比如其他的卷子和练习题。

在老师的角度来讲，我想减负能起到一定的作用，让孩子们作业之余的时间，可以参与自己喜欢的课外活动，能丰富自己。因为在学校已经负担很重，学习的功课很重，真正减负之后，孩子们可以多一点参与自己的课外活动。也关系到国家教育体制的问题，如果小学按照十条减负之后，也会担心到初中、高中、大学怎么办，因为初中、高中、大学还没有想到跟小学减负体制接轨，接轨又怎么样，不接轨又怎么样，我们学校挺担心的。

主持人：刚才很多人都没有说负担，请媒体的代表回应一下，减负会不会反增负？请陈晓璇回应一下。

陈晓璇：我对减负话题关注了很久，刚才现场调查，其实孩子们来看，家长不在场都可以大胆说出，很多作业是家庭作业多，这是我们最不想看到的结果。因为学校的竞争那么激烈，大家都想考一个好的初中，好的初中就要通过小升初的考试来进行，从小学四年级开始很多学生会参加补习班，可能很多家长会在家里做一些增负的作业。

社会的评价体系都没有改变，我们考试的机制也没有改变，其实如果仅仅是学校减负，其实意义是不大的，可能整个社会，包括家长、身边的同学，都会自己不停地进行一些"补品"，这反而会造成一些影响，反而会增负。

主持人：谢谢媒体代表。请已进入初中的原东风东路小学的小市长。

小市长：大家好，我是在场唯一一个初中生，今年刚刚从东风东路小学升入省实验中学，刚才有同学提到，其实学校安排的并不重，重的是家长增加的负担，以我的角度，更多是自己的加重。比如班里有学习好的同学到了课外补习班，我也会报。我的家长非常民主，告诉我不要给自己太大压力，但我对自己的成绩不放心。刚才陈晓璇阿姨说到小升初，题目不仅仅是学校的学习内容，有一些是奥数的题目，为了择校中有好的成绩，就要报读课外班，这就是压力。

小市长：刚才东风东路小学张老师提到，家长们都不希望自己的孩子输在起跑线上，输了又怎么，世界冠军博尔特，每次起跑都输的，但最后会赢，而且还破了世界记录。现在小升初是考一些有关奥数的题，家长都逼迫孩子去上一些奥数班，其实孩子会真正喜欢奥数这门课吗？真的没有几个会喜欢。

主持人：还有没有同学觉得负担是重或是不重的？

同学：我觉得不重，但在我妈妈的角度上，我们就算是减负了。她也觉得一样要上补习班，你考了补习班，有没有真正去珍惜喜欢。不喜欢，学了有什么用，真学了才有用的。

岭南少年报小记者：大家好，我觉得我的作业负担并不重，我的家庭作业是我自愿做的，我觉得自我提高，并不是家长逼迫我做的，学校的作业一个小时可以完成，回家可以读书、听录音带、弹一个小时的钢琴，我们学校的德育非常好，这个月是敬老月，作业做完还可以敬老。

主持人：这个同学每天作业都做得很快乐的。东风东路小学的同学大胆举手。有什么真实的想法或是好的建议。

同学：作业其实不多的，因为真正的负担是心理的负担，如果你真的喜欢做作业，再多对你来说也不是问题、不是负担。

主持人：说出了有哲理的话。

同学：而且每个星期做完作业还可以休息一下，我觉得只要有兴趣，就不会有负担。

主持人：请同学继续举手。

同学：家庭作业比较多，刚才有女孩子说的，对学习不感兴趣，对其他的课有兴趣，不应该强迫她去学英语、数学、语文这三课，而且做一大堆的作业。老师的作业够多，还要加补习班还有妈妈布置的作业，压力很大。

主持人：为什么要上补习班呢？

同学：逼迫的。

家长：我觉得主要是整个教育有问题，我的小孩是上三年级，但二年级的时候，作业只写两句话，现在三年级，四百字的作业，这个跨度，小孩子就接不上，不报课外的培训班，没有办法可以衔接上的。

主持人：这也是很多家长的担心，如果减负，就吃不饱。请专家简单地回应一下，是不是担心无效果，或是有什么其他的担心？

晏秀祥：江苏电视台在做这个"减负"栏目时，从头到尾，一个声音，小学生讲学生不做作业，干什么去？长期形成的套路，若要改变，无所适从。社会各界都会担心，一旦学校的作业取消了，质量会下降，要求会降低，这是我们共同担心的。这一点没有必要。作业要减少或是取消，标准不会降低，相反都是一样的。老师单纯布置作业是很简单的事，讲课讲完有一些作业题，但减了之后，会布置一些动手、动脑的活动，老师要思考。

专家引导家长正确对待减负问题

家长所理解学生的学习质量就是考试最终的学习成绩，人的成长绝不仅仅这么简单，我很同意刚才一位小市长的意见。人生是马拉松，什么时候是起点，什么时候是终点，并不是起跑得快，就赢。什么人能赢？综合素质高的人。家长的眼光不要都盯着成绩。中小学教材要解决学生的知识基础，鼓励去跟大自然接触，看更多的经典书，自己分析解决问题，而并不是一味追求考试分数高。研究表明，小学生的成长不完全代表他的人生未来，今天考双百，不一定人生双百；今天的成绩差，不一定人生不精彩，有很多的案例。

我问一下同学，减负剩下的时间怎么办？

同学：做一些练习题。

晏秀祥：还是要做一些练习题，当学校把时间还给你们，你们要利用这个时间，只要爸爸有时间，带他去博物馆、放风筝，到沙滩、海边去玩，这是你孩子得到的精神的营养。我说过一句话，减负之后，可能我们中国培养出的人才会越来越多，可能诺贝尔的获得者会越来越多。减负的开始，就是教育春天的开始。爸爸妈妈利用孩子空余的时间，培养孩子独立的人格。赚再多的钱，留给孩子，可也不能带给孩子精神上的财富。儿童活动中心举办这样的活动挺好，谢谢大家。

主持人：我有一个提问，小学生学校不留家庭作业，支持的请举手。一半，请放下。反对的请举手，也有一半，一半对一半。现在家长也举手了。支持和反对各有理由，我想听你们的理由是什么，支持和反对都可以说。

同学：反对。

主持人：为什么？

同学：不留家庭作业，老师讲的课，听了也不会。

主持人：可能在学校堂上就做完了。

同学：在家里可以复习一下，而且数学更要多练。

主持人：再听另外一位同学的。

同学：我支持不留作业，因为有一些课，如果讲完要学的知识之后，后面时间可以来做作业。

主持人：回家干嘛？

同学：回家可以复习，保持课堂的质量。

主持人：东风东路小学很多举手。

同学：我是反对的，因为只要不留作业，回家不做作业，家长就可以给孩子报更多的补习班，这样负担会更重。

主持人：这样家长会加料，躲过初一，躲不过十五。

同学：我是反对的，没有书面作业，老师就不知道孩子哪方面比较弱，自己也不知道哪方面比较弱，不知道往哪方面努力，没有家庭作业，家长也会盲目地报一些补习班和课外班。

《岭南少年报》小记者：我是支持的，我知道外国，比如英国他们的孩子上学从来不背书包，因为作业、书本都放在学校的抽屉里，在学校都可以做完，就算外国不留家庭作业，孩子一样可以学习。而且书包要减负，每天要背上十斤，负担很重。

主持人：请集贤小学的同学。

同学：我支持，因为在学校学了之后，回去把一些重点复习一下就可以了。

主持人：好的，谢谢，有没有家长回应一下支持还是反对？

家长：我是支持减负的，因为我觉得红色衣服的小朋友说得没错，外国的教育模式跟中国完全不一样的，中国是死读书的那种，教育是应该改革一下。

主持人：不会给你的小孩加料吗？

家长：我不希望会这样，我希望中国的教育改革。

主持人：你不担心他跟不上吗？

家长：不担心。

主持人：不担心他输在起跑线吗？

家长：不担心。就是因为这样，现在补习班这么多报名，小孩没有我们小时候那种童年了。

主持人：请家长继续回应一下。

家长：他今年才上小学一年级。

主持人：应该没有负担？

家长：每天起码要收到三个短信，都是语文、数学、英语这三门，才上学，小孩就感觉到很累。我是非常支持减负的，但如果减负了，小学升初中，初中升高中，或是高中高考，这一系列是不是跟减负配套。

主持人：讲到最后的教育考试问题。

小市长：对于小学生不留书面式的家庭作业，我是坚决表示不支持的。首先同学们在做作业的过程中，复习了课堂上学习的内容，做完作业给老师批改的过程中，发现自己的漏洞，老师可以适当地进行辅导。

汉字是中国的文化，是从古至今最有意义的文化，现在有许多家庭作业都布置在电脑上，让我们在电脑上打字发给老师，可能就会丢失掉中国的文化。拿我作为例子，平时我写作业都是在电脑上，但是这个周末，老师给我们布置一个书面式的家庭作业，我写作业的过程中，提笔忘字，很多简简单单的字完全忘了怎么写，我觉得还是要适当地布置一些家庭作业。

主持人：东风东路小学同学们，继续发言。

同学：反对，因为不留作业，主要是为了参加一些课外活动，但很多人都是用于玩电脑、打游戏，这样自己会视力下降。

主持人：好的，现在教育部都听到大家的意见，要把不留书面作业做修改，是适当地留，还是三年级以上才留？

同学：我支持也反对。

主持人：理由。

同学：不留作业，回到家，家长的作业很多，所以要留一点，不要留太多。

主持人：好的，适当地留家庭作业。刚才总结了一下，有支持有反对，绝对不留不好，留大量也不好，现在还是征求意见。

同学：我认为应该反对。因为在课堂上是预习，回家做作业是复习，如果复习一遍不会那么快忘掉。

主持人：换一个话题，有人说，减负就像减肥，听过没有？因为减肥减下来，还会反弹，是不是？如果一个人减肥，你的意志力不坚定，方式不科学，减下5斤，就会反弹8斤，请《羊城晚报》采写这一篇文章的记者陈晓璇讲一下。

陈晓璇：减负跟减肥这个话题是我自己想的，因为我做了征求意见稿的报道，我想写一篇综述的稿子，我们减负，是让学生少作业、少考试吗？像我们减肥也是少吃一点东西来调理身体，但其实很难做到的。

记者陈晓璇发言

中国式的减负喊了十几年，我读书的时候，就已经在说减负了，但其实一直没有成效的。还有一个统计，中国喊了九次的减负，第一次减负1955年，喊减负的原因是当时连饭都吃不饱，就觉得不要给小学生太大的负担。60年代是因为还没有义务教育，小升初有考试的，喊了减负，没有减下来。70年代、80年代也是不停有减负的声音传出来。随着我们恢复高考的压力非常大，从小学开始的负担少不了。到了21世纪，小升初的择校越来越激烈，教育部发文是越来越频密了，但一直没有效果。就是国家把减负当成行政的命令发下来，而不是看执行的效果，没有去追究，没有相关部门做这个事情。

第二个问题的反思，减负中多次提到是减作业量和考试，而这一次要彻底从小学不留作业，一到三年级不考试了，这样的减负幅度是比较大，但还是遭到更多人的反对，原因是什么？这跟我们作业和考试有关系的，有一些作业已经变成机械式的工作，不断地抄写，而考试就是带有很大的功利性的，从老师到家长，其实带有某一种目的性的，比如学生考得高分，老师有学校给的压力，学校的压力是来自教育部，你的学生成绩好，你的学校才可以成为名校，带有政绩性的功利。

作业量越小，其实反对的声音是越大的，而我反思第三个问题，如果教育部征求意见稿真的能够实施，但可能会出现校内减负，而校外增负的问题。小学、初中、高考都要考试的，都追求分数的模式下，一定要通过考试来检验的，一旦需要考试，就需要学生拼命地学，体系没有变，减负很难实行的。所以我概括为"中国式的减负"，自己形象地比喻就是减负跟减肥一样痛苦。

主持人：谢谢，减负和减肥都会痛苦，最好不要减了。同意我们的书包要减负的举手？这是一边倒了，请放下，我们的减负就从减书包开始吧。现在减负的十项规定，有一项叫做每天锻炼一小时，认为自己每天能够锻炼一个小时的，有大部分。每天锻炼不到一小时的，有一小部分。为什么你有时间锻炼或是没有时间锻炼？

同学：我们学校每个星期都有体育课。

主持人：你自己一小时怎么做到的？

同学：就上体育课。

主持人：每天都有体育课吗？

同学：还有早操。

主持人：在家有没有锻炼？

同学：没有。

主持人：有没有同学发言？

同学：每个星期转呼啦圈，还有跳绳，以及在学校的课间锻炼。

《岭南少年报》小记者：在学校做完作业，回家就可以锻炼。

主持人：回家锻炼什么项目？

《岭南少年报》小记者：跳绳、踢毽子。

主持人：请别的同学。

同学：跑步机、跳绳、呼啦圈。

主持人：因为你们的功课不多，可以锻炼。好的，请其他同学谈一谈。

同学：吃完饭，休息一下，就去跑步。

同学：我觉得我们学校有一小时的锻炼时间，早上有课间操，还有大课间，还有体育课，有时候会和妈妈一起出去散步，以及到广场上去玩一些健身器材。

同学：在家里做完作业，可以穿着溜冰鞋去玩。

主持人：接下来要谈的，你自己的锻炼也好，或是自己的方法，跟同学们一起分享，想到的请举手。

同学：学校每天一节体育课。

主持人：同学们，有没有？有一些有，有一些没有。并不是体育课就是玩的课，是以身体锻炼为目的的，玩是一部分，但怎么锻炼好身体，老师会有他的教材大纲，体育课也有科目的要求。请注意，体育课并不等于玩的课。

下一个话题，取消百分制，你同意吗？同意的请举手。不同意请举手。一半对一半，一百分有没有什么好处，有没有什么坏处？为什么取消？为什么不取消？

同学：我是支持取消百分制的。

主持人：理由。

同学：因为百分制跟评优、良、中、合格和不合格一样的，就算换过来之后，跟百分制的概念也是相同的。

主持人：请集贤小学这边的同学。

同学：我是五年级，我是反对的，因为考试没有百分制，就不知道具体的分数，家长不知道自己的孩子考了多少分。

主持人：下面请出集贤小学卢主任回应一下关于减负的话题。

集贤小学卢主任：大家好，刚才听了这么多位专家以及同学的呼吁，我觉得我们集贤小学的学生还是比较幸福的。刚才主持人说到，这两个学生都是我们的学生，我们也非常欣喜听到我们的学生有这样的见解。我谈一下，本身我们学校的课堂就叫做小主人生态体验课堂，跟这个论坛是非常吻合的。关于减负问题，我们的学生很幸福，陈记者说到一些机械式的作业，我们不存在这样的作业，家长和学生可以自由地选择作业，如果家长认为学生可以理解和掌握，是不需要写这个作业的。

刚才听到那么多有作业或是没有作业，其实在学校和家庭都有作业，只是老师还是家长布置。

锻炼一小时，我们学校的学生也是有的，因为我们学校每个星期都有活动，每个班都要参加，每个月有一个大型的活动，到学期年有一个新年欢乐颂，大课间都可以体验到，还有每年9月份也有军训体验活动。我们学校的校长非常大胆，拿出一个星期，作为一个军训体验活动。每天一小时的锻炼，我们是足够可以保证的。

很早以前，我就很反对百分制，小孩子90分跟100分没有区别，我教数学，我批改作业，有时候他会做，会理解，只是因为粗心或是计算不够细心，出现一点错误，就没有100分，其实90分和100分，都是理解的，只是孩子是不是细心，我们更应该看到，我们的教育不在乎这个孩子是100还是90分，更关心的是这个孩子的为人处事，还有走入社会，怎么样为人处事，而100和90分，没有本质上的区别。

主持人：谢谢卢主任。下面说一说今天最后一个话题，小学生减负，需要哪一些方面来支持和配合，才能取得成效？

请出小市长回应这个话题。

小市长：各位同学，大家上午好！我想问大家一个问题，有没有同学能够把自己的家庭作业在学校完成的？

同学们：有。

小市长：我想跟大家分享我个人的看法，当我们45分钟的课堂分解为两部分，一部分25分钟的上课，老师对课程进行讲解，不要把时间花在整顿课堂、题目评讲上。20分钟完成左右，当场做，当场修改，提高老师教学能力，也可以检测学生的掌握质量。

将减负与课堂融合在一起，从学生减负到教师减负，社会减负，学校减负，家长减负，谢谢大家。

同学： 如果减负，我们的难关就是小升初的考试，那样小升初没有优势，又要报辅导班，这样周末也没得休息了。研究表明过重的书包会妨碍骨骼的生长。我们现在六年级的书包都有十几二十斤，我建议从书包开始减起。

主持人： 没有发过言的同学请发言。

同学： 可以腾出一点时间，然后让大家在堂上做作业，这样老师也可以帮忙讲解不懂的地方，这样就可以把所有作业做完，回家就可以好好放松，听听音乐之类的，心情愉悦，第二天更有精神上课。

主持人： 请小记者代表。

《岭南少年报》小记者： 建议学校可以布置一些生活技能上的作业。

主持人： 请集贤小学刚才没有发过言的。觉得减负要怎么样配合？

同学： 如果自控能力比较强的，有没有作业，都会很自觉地做作业、看书。

主持人： 最重要的还是自己。

《岭南少年报》小记者： 我觉得应该保证在课堂上完成，下课之后多做锻炼，这样才能提高小学生的身体素质，不那么容易生病。

主持人： 加强体育锻炼，不容易生病。这是对青少年身体素质的一个要求。

同学： 我觉得减负首先要靠自己的配合，现在有一些同学上课不认真听讲，课后作业完全是靠家长和补习班的帮助来完成的。

主持人： 你有什么好建议？

同学： 我们应该上课认真听讲，课余时间不能做不利于学习的事情，这样才能体现减负的作用。

同学： 一定要自己提高兴趣，去学，要减负，下课可以多锻炼身体，老师可以在上课时候布置完作业，回家温习功课就行了。

主持人： 刚才同学有提到家长的配合，参加今天的小主人论坛，回家敢跟家长说减负的请举手，都举手，证明论坛有效果。下面请出晏秀祥老师做总结发言。

晏秀祥： 今天从头到尾都听了老师和家长、同学们的发言，很有感触。我对减负是举双手支持，而且我主张小学从一年级到六年级把作业通通取消。减负是好事，但真正付诸实施，确实任重而道远，真正落实需要几方面：

1、学校，教育部推出政策之后，必须要有相应的配套政策可以跟减负相配合，比如要求从减负开始调整教学计划，调整教学内容，把小学教学的内容和难度降低一个层次，让我们最好在 40 分钟之内，完成教材赋予的任务和内容。

2、教学评价，现在小升初、初升高，甚至高考，成绩是衡量一切的指挥棒，学校、家长、老师、社会不得不围着这个指挥棒动，这就需要改变模式，不能单一以分数来论学习的成败，这一点需要教育厅、教育部出台政策。

3、教育资源的均衡，为什么家长不放心孩子的学习质量，会担心孩子升不了重点学校，因为有重点存在，按照教育部的要求，郊区的学校办学质量也提高，家长就不会担心上不同的学校，对孩子的将来有影响，真正把教育均衡化落到实处。

4、我们评价学生，学校考语文，考数学，但没有学校考孩子的号召力。有一些孩子学习成绩不好，但手一挥，大家都会跟他走，这样的孩子未来会成为大老板。家长要加强对减负的认识，家长不明白减负的意义，推行起来也很难。

我通常讲，中小学语文课、数学课通通都是符号。语文，文字是符号；数学，公式是符号，用符号解符号，无论怎么学，都是符号，家长就是充分让孩子把学校学的符号跟实物建立联系。现在家长已经习惯，孩子在家，赶快搬桌子帮他辅导作业，都盯在毫无价值的重复。随便在小学中，抓十个三到四年级的学生，问他们，你们最不喜欢什么？就是练习。最不喜欢你妈妈什么？唠叨。国家已经有政策，把孩子的时间一部分还给孩子，一部分还给家长，让孩子最大地发挥，使孩子有健康的人格，健康地成长。

谢谢大家。

主持人：谢谢晏老师精彩的总结。由于时间的关系，今天的小主人论坛就告一段落，让我们的减负从减书包的重量开始吧。我宣布第 24 期小主人论坛活动圆满结束，谢谢各位领导嘉宾。谢谢老师同学们的参与，谢谢台前幕后的工作人员，我们下次活动再见！

领导、专家、媒体、老师、小市长、学生代表合影

第25期

小主人论坛

——压岁钱去哪里了?

时间:2014年3月2日(周日)上午

地点:广州市儿童活动中心文化广场

主持:广州市儿童活动中心 陈小雄

　　　东风东路小学 邱小雪

邱小雪:各位领导、各位嘉宾、各位老师、各位同学,早上好!

陈小雄:很高兴参加今天的小主人论坛活动,站在我旁边的是东风东路小学总辅导员小雪老师。

邱小雪:站在我旁边的是陈老师。

陈小雄:我们认识一下参加今天活动的领导、嘉宾,他们是:

广州市政协常委、时事评论员 司马春秋;

广州市儿童活动中心主任 古方;

广州市儿童活动中心副主任 刘武;

广州市越秀区惠福西路小学 朱思红校长;

邱小雪:来到今天活动现场的还有我们的小主人,来自《岭南少年报》的小记者们,东风东路小学、惠福西路小学、广州市华侨外国语学校的同学们,欢迎你们。

陈小雄:还有一位同学,他就是第九届羊城小市长张熹。

陈小雄:我们小主人论坛又跟大家见面了,我们已经成功举办了24期,今天是第25期小主人论坛活动,小主人论坛是经过十多年培育发展起来的校外教育品牌活动，深受少年儿童的欢迎和支持，小主人论坛是提供给孩子们对时政、民生、教育、城建、环保等发表意见和建议的平台，是对小公民进行思想道德教育的一个重要阵地。希望小朋友们能踊跃发言，家长和老师也踊跃地回应。我宣布由广州市儿童活动中心、《岭南少年报》共同主办的第25期小主人论坛活动，现在开始。

陈小雄： 下面有请广州市儿童活动中心古方主任致辞，掌声！

古方： 尊敬的司马老师、尊敬的朱校长、小市长、亲爱的同学们，上午好！第25期的小主人论坛今天开始了，我们论坛的主题非常有意思，就是压岁钱的问题。问大家一个问题，大家今年有没有压岁钱？（同学们：有。）

古方： 压岁钱用在什么地方，每个人都不同，孩子们可能对压岁钱的理解和用途都有自己不同的看法，不管哪种方式，压岁钱对我们来说有没有用？（同学们：有。）

所以待会我们要对这个问题进行讨论，我们活动中心的小主人论坛真正的主题就是让孩子们自己说自己的事情，把自己的事情说清楚，让我们大家都很明白。在这里，也衷心地祝愿新的一年，孩子们通过自己的不断努力，取得更辉煌的成绩，也希望通过这个活动，让孩子们从中得到更多的、更好的一些启迪。

陈小雄： 过春节的时候，看到长辈们都会说恭喜发财，这一期的主题就是关于压岁钱的，今年收到压岁钱的同学请举手，请放下，基本上都有！没有拿到压岁钱的请举手，一个都没有。压岁钱不论多少，它只是长辈对晚辈的一种祝福，我听说花都有一个小朋友很厉害。

邱小雪： 有一个6岁的男孩，掏出了1万块钱，要给他的女朋友买一辆电动车。

这个事情太厉害了，有些同学也看过这个新闻，没有听说的，现在听到也觉得非常震惊吧。

陈小雄： 现在来现场调查一下，刚才说到压岁钱，现在问一下，这个春节压岁钱达到1000元的请举手！上了1000以上，有80%多。达到5000元的请举手，差不多一半了。再提高了，达到1万的请举手，有十几位。这三个档次，1000、5000、1万，随着人们生活水平的提高，压岁钱也水涨船高了。

邱小雪：今天我们就要围绕这个问题进行一个探讨。刚才我们说了 6 岁的小男孩的事情，但是最终他是没有买成，因为那个售货员阿姨觉得他没有家长带领，不卖给他。

陈小雄：这个阿姨很有责任心，她不是为了钱。

邱小雪：就算我们自己想去用这个钱，我们也要想应该怎么用，我们有没有足够的能力去操控这个钱。

陈小雄：进入到活动的主题，我们都有压岁钱，但是压岁钱去哪里了？同学们是不是在学校里面也会讨论一些关于压岁钱的问题？

邱小雪：应该会的，同学们，你们的压岁钱去哪里了，有讨论过吗？《岭南少年报》的小记者。

小记者：我的压岁钱给妈妈收起来了，长大以后要买房子。

陈小雄：你存到那个时间，房价也会涨的。

小记者：再赚。

惠福西路小学的同学：买来学习文具，献爱心，如果还有剩下的，就可以存起来。

东风东路小学的同学：我的压岁钱有两部分，一两百是给我自己的，买自己需要的东西，大部分都存在银行里面，由父母来支配，当做报一些兴趣班的学费等等，这样就可以很好地来支配。

邱小雪：你有银行存折吗？

东风东路小学的同学：有专门的存折。

华侨外国语学校的同学：存起来长大上大学的学费。

小记者：80% 用来交大学的学费，10% 是用来买特殊节日的礼物用，还有 10% 是用来买自己喜欢看的书和学习用具。

陈小雄：这个女孩很有想法。

邱小雪：想得挺长远的。

东风东路小学的同学：我的压岁钱一部分是存在银行，还有一部分是拿在学校的义卖活动用。

陈小雄：贡献给一些有需要的人，很好。感觉你们的压岁钱都是将来的压岁钱，现在都不用，相当于是上交了。

东风东路小学的同学：我的压岁钱大部分都是拿去买金币，如果家庭有困难，可以拿这些去换钱。

陈小雄：这是投资理财的一种方式，现在的小孩子都会投资理财了。

小记者：我的压岁钱有两百多块钱是我的零花钱，有一些在存折里面，我需要买东西的时候，就会跟妈妈拿。

邱小雪：刚才很多同学都说了自己对压岁钱的使用方法，这些是你们自己想的，还是家长说的？

陈小雄：一般的小朋友都不会想到投资理财的，估计也是家长想的。一般都会想到买玩具等等。

邱小雪：其实这个压岁钱是小孩和父母共同商讨，最后决定如何使用。

陈小雄：接下来讨论一下，大人给小朋友压岁钱有什么意义？不是越多就越好，想一想。

惠福西路小学的同学：我认为父母给压岁钱是给我们一种关怀，不管多少。

东风东路小学的同学：给压岁钱就是一种传统，以前就有个传说，把这个压岁钱给我们，大人给小朋友就代表要保护我们。

陈小雄：讲历史，讲传统，掌声鼓励他。

华侨外国语学校的同学：大人给小孩压岁钱可以证明自己很大方。

华侨外国语学校的同学：我听说压岁钱其实广州以前说的是利是，后面慢慢地，家长想给孩子压岁钱，就是利利是的好意头。

陈小雄：问问家长们，你给小朋友红包的时候，你是怎么想的？

家长：除了是中国人的传统习俗，也是家长与其他朋友，或者亲戚之间的一个很重要的沟通桥梁，谢谢大家！

家长：是给孩子的关爱，最重要是教会孩子学会理财。

邱小雪：这个钱如何去使用，教给他一个方法。

家长：主要是对孩子的一种祝福，祝他身体健康、让我们好好学习，还有教他怎样使用压岁钱。

邱小雪：所以在收到利是的时候，也要感谢家长，是他们对我们的一种祝福。

羊城小市长：我觉得这个压岁钱是亲朋好友给予我们的爱与厚望，那么如何合理使用它们，是非常重要的。这里我自己总结出了三条方法，同学们可以参考一下。第一种，现在网上非常流行一种余额宝的系统，可以把我们的压岁钱存在网上，可以有利息，所以大家可以把得到的压岁钱存到余额宝里，不仅可以使我们的财产保持安全，还可以产生利息。另外一个，把压岁钱捐给慈善机构，给贫困山区的同学们出一份力。第三，给爸爸妈妈送出礼物，报答他们。我认为不管如何使用压岁钱，只要用到实处，都是好的，让我们从今天起养成好好支配压岁钱的好习惯。

陈小雄：小市长真的是有领导风范，还有没有其他同学说一下我们压岁钱的意义在哪里？

东风东路小学的同学：家长给小朋友压岁钱是对我们的一种鼓励，好好学习，天天向上。

东风东路小学的同学：有些家长靠孩子来做家务，来给这个压岁钱。因为这样可以多激励孩子多做一些家务。

邱小雪：那个是零花钱。

陈小雄：你不做家务，其他大人都会给你的，这才是压岁钱。

惠福西路小学的同学：我认为压岁钱是父母对自己的一种鼓励，希望自己的学业能进步，更上一层楼，谢谢大家！

邱小雪：有没有同学说去拆开看一下，看看里面有多少，然后来判断叔叔阿姨对我怎么样。

陈小雄：这是不礼貌的，压岁钱什么时候才是该拆的时候？

小记者：一般是过完年。

陈小雄：什么叫过完年？

邱小雪：你是什么时候拆的？

华侨外国语学校的同学：我认为应该回到家再拆。

陈小雄：具体的时间是什么时候？

华侨外国语学校：应该在元宵节后。

邱小雪：还有没有其他的？

小记者：我妈妈告诉我，拆红包应该是在十五拆。

陈小雄：正月十五。

邱小雪：听了这么多同学的发言，他们都知道不能当面拆。

陈小雄：我想问一下大家，你们的压岁钱是否通通上交给父母的，想一想，你有没有机会去分配？你们的心里是怎么想的？

邱小雪：现在可以对爸爸妈妈提出你自己的想法，这个机会很难得。

陈小雄：你的压岁钱几乎没有机会去使用的，请举手！

邱小雪：有相当一部分，是完全失去这个压岁钱的使用权。

陈小雄：现在你们可以大胆地说，你们有没有什么要求？只要是合理的。

小记者：一部分留给我自己，一部分存到银行。

陈小雄：你是不是都上交了？

小记者：是。

陈小雄：想不想留一部分给自己，想留多少？

小记者：一半。

陈小雄：还有没有？

小记者：我认为压岁钱该花的就花，我想要买东西的时候就花。

陈小雄：你实际上拿到多少压岁钱？

邱小雪：她的意思是全部是吧？

小记者：我也是想拿一半，一半给妈妈。

陈小雄：家长在不在，举起手。她说要一半，你赞不赞成？

家长：可以。

陈小雄：听听家长怎么回应，这是第一个男家长，掌声！

家长：各位同学，压岁钱首先是我们民族的一个传统，就是我们长辈对小孩子的关爱，这个压岁钱本来就是对小朋友的祝福，我个人是这样理解的，从小就让他有这个理财的意识，你想怎么用，你自己有什么计划，你只要说出来，我们基本上都能够支持。

家长代表发言

邱小雪：您的小孩现在几岁？

家长：8岁，是一个比较乖的小孩。

陈小雄：他有自己的想法，要买什么玩具，来跟爸爸签名、同意，再去买。

同学：大部分的钱都是父母拿去给别人做红包。

陈小雄：你们拿的红包都是家长给别人的。

同学：家长会说我们已经帮你存了。朱自清有一篇散文《匆匆》，里面有一句话，为什么我们的青春一去不复返，我想说为什么我们的压岁钱一去不复返？（一片掌声）

陈小雄：你的家长在不在这里？回应一下。

家长：今年的钱我都给他自己支配，他要多少，我给他多少，是这样的。

邱小雪：放在家长的口袋里，其实是你没有提要求。

陈小雄：这个压岁钱应该用过吧？

小记者：我妈妈基本上不会把我的压岁钱拿走，我会定一个计划，然后其他的钱会还给我的爸爸妈妈，我爸爸妈妈很惨，过年荷包也会"大出血"。

邱小雪：太贴心了。

同学：我的利是钱会拿出来一半，然后等爸爸妈妈生日的时候，给他们买礼物。

东风东路小学的同学：因为我平常是一个标准的守财奴，喜欢的东西看看就算了，不买，然后也不需要压岁钱，就给妈妈，她想怎么用就怎么用，她就拿去投资了。

邱小雪：是一直都这么做的吗？你从来都没有用过，平时有零花钱。

东风东路小学的同学：平时有，但是都不用。

陈小雄：这样怎么促进我们的消费？

邱小雪：其实她有自己的想法，把这个钱交给妈妈，去投资、理财，这个钱变得越来越多。

小记者：如果我有压岁钱的话，我会请我的爸爸妈妈去吃麦当劳。

陈小雄：好厉害，你家长在不在？他说请你吃麦当劳。

惠福西路小学的同学：我是用"星星"来买东西的。

邱小雪："星星"就是爸爸妈妈的奖励。

陈小雄：一个"星星"值多少钱？

惠福西路小学的同学：一块钱。

陈小雄：今天奖励五个好不好。

邱小雪：从小爸爸妈妈给你的概念都是你要的东西就要通过努力去获得，不是你想要什么就有什么。

华侨外国语学校的同学：我从 2001 年到现在，一分钱没花过。

邱小雪：利是钱没花过。

惠福西路小学的同学：对。

邱小雪：他的意思是我一分钱没花过，爸爸妈妈花完了是吗？

惠福西路小学的同学：不是，全部存银行。

陈小雄：没用过这些压岁钱，买玩具什么的？

惠福西路小学的同学：我现在对玩具不感兴趣。

邱小雪：你对其他小朋友的做法不羡慕吗？

同学：因为我想存着上大学。

小记者：我的压岁钱大部分都存在银行里面，然后爸爸就取一部分给我自己去买我自己想要的东西。

东风东路小学的同学：我想在爸爸生日的时候，买材料给姐姐，让姐姐做蛋糕给爸爸。

陈小雄：很乖，很孝顺。

东风东路小学的同学：以前的那些压岁钱都是我妈存起来了，之前自己是没有支配能力的，随着长大以后，我妈就会说，可以给一些10块钱面额的，让我自己支配，其余的都是存起来，给我大学的时候用的。

邱小雪：你会怎么支配？

同学：买一些学习用具，书之类的。

邱小雪：真是个好孩子，非常好。

惠福西路小学的同学：我过年的压岁钱很多，但是都上交了，不过我会跟妈妈说，把压岁钱一部分给我自己分配，剩下的给他们。

陈小雄：那一部分是多少？

惠福西路小学的同学：20%，他们就说存进银行。但是，到底有没有存，这是一个问题。

陈小雄：你希望他们怎么做，会让你看到是真的。

邱小雪：如果家长没有把这些给孩子看，可能孩子也会想是不是在忽悠我，所以家长听到孩子的这些心声，也可以做一些让他们知道的事情。

东风东路小学的同学：我会去买邮票，剩下的可以用作旅游用。

惠福西路小学的同学：我今年拿的利是全都给了我爸爸，因为我想他们会更知道怎么去使用，放在我自己那里，我也不知道怎么用。

邱小雪：这是对爸爸妈妈的一种信任。

东风东路小学的同学：我是比较支持父母把我的压岁钱收走的，其中的原因有两个。第一，我认为我们现在还不具有保存这么多钱的能力。第二，因为我们都报了很多兴趣班，把这些钱给父母去交兴趣班费用是很合适的。

陈小雄：其实我们今天提供一个平台，你有什么想说的，甚至是一些投诉，都可以说，你们才是真正的主人，还有没有？

小记者：我的压岁钱是我自己来安排，会把一部分拿去慈善捐款，然后剩下的部分会交给父母，但是毕竟我没有这样的能力去使用压岁钱，而且当我需要一些东西的时候，父母会尽可能答应我，所以我很信任我父母。

华侨外国语学校的同学：压岁钱交给父母，我没有什么意见，要是父母给我的话，当然很好，但是他们不给我，我相信他们也会有一些用处。

邱小雪：这也是可以交给父母去支配的。

华侨外国语学校的同学：我觉得我们小的时候可以给家长去支配我们的压岁钱，因为我们这么小，还不知道怎么去支配这些压岁钱，长大以后，可以给自己保管，可以合理地去使用，所以我觉得长大以后可以给我们自己去支配。

邱小雪：你现在几年级了？

华侨外国语学校的同学：五年级。

陈小雄：这个问题告一段落，你认为压岁钱真正属于自己吗？请举手。不要看别人，认为应该真正属于自己的举手。请放下。认为压岁钱不属于自己的，请举手。有一半，有一些人还在纠结，又属于自己，又不属于自己。请放下，请小市长说一说，为什么这个压岁钱不属于自己？

羊城小市长：我的意见是我们在座的基本上都是小学生，我们还没有成熟的理财理念，现在很多报道，老人、小孩，很多时候都被骗了，所以我觉得把我们的钱交给父母，因为我们是父母的亲生骨肉，父母绝对不会用这些压岁钱做不利于我们的事情，交给父母，我觉得更安全。

邱小雪：你觉得什么时候可以自己去管理？

羊城小市长：起码要成年，因为初中的时候，大家心智还没有成熟。上了高中，自己就觉得已经有支配能力，父母也会放心。现在很多同学就是看到这个东西就会很想去买，不像大人一样深思熟虑。

华侨外国语学校的同学：我觉得其实这个压岁钱，应该还是属于我们自己的，我也赞成小市长的想法，把钱交给大人保管，但是真正的使用权也可以自己来支配，可以让家长代管，我们自己还是可以有决定权的。

邱小雪：这个想法好。

东风东路小学的同学：压岁钱是全部归我管的，这样可以成立我们自己的小基金，可以培养自己的社会责任感和善心，平时也可以买一些参考书，可以减轻父母的负担。

邱小雪：你现在是已经自己管理压岁钱了？

东风东路小学的同学：：是。

东风东路小学的同学：我觉得可以先把压岁钱交给父母，然后等到自己需要用的时候再拿出来，这样就不会乱花钱了。

小记者：我的压岁钱基本上大部分都由我爸爸妈妈保管，他们会在银行开一个账户，然后存起来，剩下的给我自己支配。

陈小雄：你认为是不是真的应该属于你，表一下态。

东风东路小学的同学：首先我觉得自己的压岁钱是应该属于自己的，但是现在我们都是小孩子，由他们为我们保管，因为父母从各个角度都是为我们好的，用自己的心血来培养我们，所以我们应该把自己的压岁钱给他们存起来，长大以后，可以把它取出来，去孝顺他们。

华侨外国语学校的同学：我觉得压岁钱应该交给父母，因为成年以前，我觉得我们不具备管理金钱的能力，所以我们应该在父母的帮助下，学会合理地使用压岁钱。

陈小雄：学会理财，很好。

惠福西路小学的同学：我其实是保持着中立的态度，我觉得如果我们懂得如何花压岁钱，什么时候花，那么父母就应该给我们自己管理。

惠福西路小学的同学：我觉得大部分的钱可以家长保管，小部分的给自己支配。

东风东路小学的同学：我觉得压岁钱不应该属于我们自己，因为我把我的要求跟我爸一说，我爸就会尽量满足我，所以我觉得压岁钱不应该给我们，就算给我也没用。

陈小雄：不会花钱。

邱小雪：现在有三种观点，每一种意见都很平均。

小记者：我觉得压岁钱应该属于父母的。

陈小雄：为什么？

小记者：因为父母比我们更知道如何去支配。

东风东路小学的同学：我觉得压岁钱不是全部属于我们，我们可以跟父母拿一部分，剩下的一部分可以给父母替我们保管和支配。

陈小雄：其实还是属于你的，是替你保管的。

邱小雪：主要的支配权利还是掌握在自己手上。

东风东路小学的同学：我觉得压岁钱应该是属于我自己，不过应该是长大之后再属于我，现在应该由父母替我支配，因为我还没有理财的能力。

陈小雄：这个问题告一段落，对于这些问题，下面我们隆重地请出广州市政协常委、律师、时事评论员司马春秋。

邱小雪：来听听专家的意见。

司马春秋：很高兴，听到大家的发言。很有趣，我一直在笑。有一个问题我是想了解的，我想找到一个答案，在座的同学，应该有12、13岁了，13岁的有没有？我估计很多都是12岁。我想知道，因为我们收压岁钱的这种习惯，只要出生，见到小孩就要给压岁钱，存到今天就已经存了12年了，我想知道，12岁的举一下手，后面的这位同学，你到现在存了多少钱？

司马春秋发言

同学：现在总共两三万。

司马春秋：有没有多于3万的？

同学：我认为至少有6万多。

司马春秋：12岁的有6万了，还有没有？

同学：我的现在应该存了20多万了。

司马春秋：从法律层面来说，你刚才的表述是不全面的，应该是应该，实际上有多少？

同学：妈妈跟我说，现在已经有20多万了。

司马春秋：在这里，因为刚才陈老师也介绍了，我是学法律的，也想跟大家一块儿分享一下，讨论一下，到底这个钱应该属于谁，我也想让大家举举手，到现在为止，我们觉得这个钱应该属于自己的请举手，还是不到一半。按照国家的法律规定，这个钱只要长辈说是给你的，这个钱就是属于你的，换句话说，所有收到的压岁钱，其实都是我们在座各位所得到的一个赠与，而且这个赠与是没有条件的。可能有家长说，给这个压岁钱的人都不认识你，他是认识我，看到我带着你才给你的，只要这个家长说红包是给你的小孩，这个钱就是属于你的。这个钱如何处置，父母能不能收走，他们自己去处理。我也想问问大家，你们觉得，父母无条件把这个钱收走，对不对？认为不对的请举个手，很少同学。如果认为是对的，请举个手，无条件的收走的，还是占多数，觉得家长可以无条件的收走。

从法律的角度来说，这个压岁钱家长是可以无条件地收走的，为什么这样说？可能有很多的同学觉得这是不对的，因为这是我的钱，我是有支配能力的。事实上对于这个钱来说，给到你们手上的，如果我们同意家长可以把这个钱存起来，换句话说，当这个钱存起来的时候，我们要知道，家长在养育你们的过程里面，其实每天都是在花钱。按照法律的规定，如果你们有钱，他首先要花的是花你们的钱，如果你们要说这个钱是我的，但是家长也可以跟你说，你既然有钱了，现在要花钱，首先是花你们的钱。但是刚才从大家的讨论当中，我也看到了，绝大多数的家长是这样的，钱是花我的，我作为家长，我有这个抚养孩子的责任。但是你们这个钱，我给你们存起来，家长给了你们一个承诺。所以有同学说，他是这样说的，存起来了，但是存没存我不知道。其实这个也是有法可依的，我们生活中是不是都应该要按照法律去做，其实也不是。刚才有家长也说了，既然有这样的一个压岁钱的收入和支出，能不能利用这个压岁钱，我们也学多一点东西。比如说，这个钱可以给你们一定的支配权利，你们能不能很好地去支配这个钱，这是学习，也是教育，甚至是理财。所以从这个层面来说，从法律层面，没问题，这个钱是你的。

但是作为家长，我们也可以利用这个钱，在这笔钱上面做一个文章，让大家学习更好地理财。所以在这里，我想分享一下，有关压岁钱它在法律上的一个属性，跟现场的家长也分享一下。这个钱我们是不是以法律授予我们的权利，我们就跟小孩去商量，如果手上这个钱，我们去充分利用好，这个钱就不仅仅是一个钱的概念，它可能还是我们在学习过程里面的学习工具。在这里，我也衷心地祝愿各位同学，在未来的日子，不管父母是不是给我们管这个钱，这个钱我们能不能直接花，但是无论如何，我都希望大家能够尊重父母的意见。同时，小朋友，其实都有自己的思考方式，父母应该要尊重小孩子，希望家长和我们的小孩，学生跟老师，在这些问题上面，都有一个认识，而且利用这样一个介质，能够把我们日常生活中的安排做得更好，谢谢大家！

陈小雄：掌声热烈一点，非常感谢司马先生的分享！接下来，大家认为，我们的压岁钱该怎么使用才是最合理的？

东风东路小学的同学：首先我要先说一点，我对这个问题我是中立的，有一部分是归我自己，有一部分给家长。我认为给家长大概占7成左右，大概3成是我们自己来支配，一部分是我们学习所用。但是你不能乱花钱，所以如果你不会管钱，给了你也是没有意义的。

惠福西路小学的同学：我认为80%应该是存起来的，20%留给自己支配。因为我们可以用这些钱去买一些小的学习用品，就不用花家长的钱。

邱小雪：大的那块给家长，小的那块给自己支配。

小记者：我认为90%应该留给家长，10%的留给自己。

陈小雄：你会怎么用？

小记者：给自己买一些小的用品。

邱小雪：大家把思路打开一点，你觉得怎么样用会更好？

华侨外国语学校的同学：俗话说得好，百善孝为先，我觉得所有的压岁钱应该都交给父母，这样才能帮助整个家庭。

陈小雄：就是你自己不使用。

小记者：我认为应该把50%的压岁钱留给自己支配，50%存起来。

惠福西路小学的同学：我认为70%给自己，30%给父母。

陈小雄：你想怎么用？

惠福西路小学的同学：做批发。

陈小雄：生意怎么样？

邱小雪：卖给谁，在哪里卖？

惠福西路小学的同学：卖给同学。

邱小雪：太厉害了。

陈小雄：会做小生意。

东风东路小学的同学：我觉得50%是捐给希望工程，剩下的50%存进银行，将来当做上大学的学费。

陈小雄：掌声送给她。

小记者：我觉得50%应该存进银行，剩下的都给父母拿去用。

东风东路小学的同学：我觉得可以把这个压岁钱存进银行，当作教育基金，剩下的可以捐给灾区，如果还有剩下的，就当做自己的零花钱。

华侨外国语学校的同学：我觉得我们应该把50%到60%的压岁钱给家长，因为他们有包利是给别人，我们应该适当地给他们补一下。还有40%到50%，其中的30%应该是捐给灾区，还有10%去买书，10%给自己支配。

邱小雪：很多同学会想到去帮助灾区。

陈小雄：证明老师、家长教育有方。

同学：我觉得大部分的钱可以给家长来支配，因为我们在学习和生活中都需要用到钱，养育我们都需要钱。

陈小雄：很好。

同学：小部分留给自己，自己的钱里面也有一部分可以捐给有需要的人，还有一小部分可以拿去买自己需要的东西。

陈小雄：很多同学都非常踊跃。下面隆重请出教育专家惠福西路小学朱思红校长总结发言。

朱思红校长：亲爱的同学们、家长朋友们、来宾们，上午好！非常高兴参加我

们今天的小主人论坛，在座的同学们都是小主人，刚刚很多的小主人都各抒己见，实话实说，展示了我们少先队员应有的风采，听了以后非常高兴。我们的小主人很有计划地来合理支配我们的压岁钱，很多同学有一定程度的经营权、管理权，这都是非常好的，都能够把自己的压岁钱用在实处。还有一部分同学说到用在有意义的事情上，比如接下来我们学校会率先捐出压岁钱，是为越秀爱心基金募捐的。在这里，我想强调，在我们人生的成长中，学会去合理地支配我们手头的零花钱和压岁钱，把它合理地用好，这也是我们人生必须学习的一门功课。

很多的同学都很孝顺，你们的压岁钱背后是有一个大主人在帮你们管理着，我希望这次论坛之后，你们要有觉醒。我刚刚听到专家说，给了你们的钱，有一部分可以跟家长沟通，你是完全有这个能力去支配，这也是你们能力的体现。希望我们同学们都能够有计划地，合理地用好、经营好自己的压岁钱，有计划地规划自己的学习和生活，来迎接我们更加美好的未来，谢谢大家！

陈小雄：非常感谢朱校长对小朋友的期望，也是一个很好的总结。在小主人论坛结束之前，要发奖品给发言最好的一些同学，请你们站上来。有请广州市儿童活动中心副主任刘武为他们颁奖，掌声祝贺他们！

邱小雪：希望我们的同学通过这次的小主人论坛，回家以后可以对自己的压岁钱有更多的想法，可以和爸爸妈妈分享，把我们的压岁钱用到实处。

陈小雄：这次小主人论坛活动到此结束，谢谢老师同学们的支持，谢谢大家，我们下期活动再见。

领导、专家、老师、小市长、学生代表合影

第26期

小主人论坛
——践行社会主义核心价值观
之文明大家谈

时间：2014年10月19日上午9时

地点：广州市儿童活动中心文化广场

主持：广州市儿童活动中心　陈小雄

　　　广州市第九届羊城小市长　徐华泽

陈小雄： 各位领导、各位嘉宾、各位老师、各位同学，早上好！

今天很高兴参加小主人活动论坛活动，主题是践行社会主义核心价值观之文明大家谈。大家观察一下，我们的舞台没有领导，都是同学，你们才是真正的小主人。站在我旁边的这位也是小主人，他是来自广州外国语学校，也是我们第九届羊城小市长徐华泽，帅哥。

徐华泽： 大家好，站在我旁边的是广州市儿童活动中心陈小雄老师。

陈小雄： 现在我宣布第26期"小主人活动论坛——践行社会主义核心价值观之文明大家谈"活动，现在开始。

首先让我们认识一下参加今天活动的领导和嘉宾，他们是：

广州市文明办未成年人处处长　李滨

华南师范大学政治与行政学院教授　关锋

广州市儿童活动中心副主任　刘武

小北路小学教导处主任　徐虹

东风西路小学总辅导员 宋华娟老师

广州市第九届羊城小市长 梁嘉惠

广州市第九届羊城小市长 李乐思

热烈欢迎来自小北路小学、东风西路小学的同学们及《岭南少年报》的小记者。

下面我们请出广州市儿童活动中心副主任刘武致辞，掌声有请。

刘武：各位老师、各位家长、各位同学，大家早上好！刚才陈老师给大家做热身游戏的时候很热烈，所以我有感而发。首先跟大家说一句抱歉的话，就是我们这个场地小了，本来今天有300位同学可以一起来参加活动，因为场地的关系参加人数缩小了。明年旁边的登月楼改造完成之后，就会有一个很宽敞，非常漂亮的广场供我们搞活动使用，所以希望大家拭目以待。

今天，我们讨论的话题叫文明大家谈，大家并不陌生。针对这个话题，我有一个小小的建议，希望大家知无不言、言无不尽。我们不能为了搞活动而搞活动，而是希望借助这个平台，倾听大家的心声。希望大家能够真切地表达，轻松自如地谈你是怎么想的，你是怎么做的，这是第一个层面。

第二个层面，今天现场有来自东风西路小学、小北路学校的同学以及岭南少年报的精英小记者。我希望同学们观点和看法各有交锋，各抒己见。我还希望大家引发思考，为什么他这样想，为什么我是这样想，因为有思考才有提高。小主人论坛不是夸夸而谈，是有思想的一个论坛，是能够引发、能够锻炼我们思维能力和表达能力的一个论坛。等会大家发言的时候要踊跃一点。

第三个层面，希望搞完这个活动之后，大家要学会总结。今天来参加这个活动，有什么收获，有什么提高，发言有什么地方还需要完善的，有什么谈得不对或者不够的，请做好总结。在座的小朋友，写个日记没问题。希望你们的日记能够以今天的主题做一个小结。

最后，希望通过这个有意义的活动，有意义的平台，大家能够得到锻炼、得到提高，这就是我们办这个活动的目的。谢谢大家！

陈小雄：谢谢刘主任。我问一下同学们，是否知道什么是社会主义核心价值观？

同学：爱国。

陈小雄：恭喜你，回答正确。

同学：爱民。

陈小雄：那是军队、部队要求的爱民。

同学：诚信。

陈小雄：恭喜你，回答正确。

同学：爱国、敬业。

同学：文明。

同学：友善。

陈小雄：恭喜你，回答正确。

同学：守则。

陈小雄：守则，那是学校要求你们的守则。我们社会主义价值观主要有三个层面：1、国家层面；2、社会层面；3、公民层面。国家的层面：富强、民主、文明、和谐。社会的层面：自由、平等、公正、法治。公民的层面：爱国、敬业、诚信、友善。

徐华泽：正式进入我们今天的主题。中国国家主席习近平在马尔代夫进行国事访问时，当中国驻马尔代夫大使王福康说到中马旅游合作时，习近平说："我插一句啊，也要教育我们的公民到海外旅游讲文明。矿泉水瓶子不要乱扔，不要去破坏人家的珊瑚礁。少吃方便面，多吃当地海鲜。"

陈小雄：习主席的期望，我们要在平时的学习、日常生活中去做得更好。下面先提一个问题，见过不文明行为的请举手。很多，几乎100%。

同学：乱扔垃圾、吐痰、在街边上厕所。

同学：在墙上乱涂乱画。

同学：上公交车的时候不排队，拥挤。

同学：乱闯红灯，乱踩花草。

同学：横穿马路。

同学：随意说脏话。

同学：随意扔果皮。

同学：不遵守交通规则。

同学：把没有吃完的东西随地乱扔。

同学：公众场所大声喧哗。

同学：打人。

同学：践踏花草。

同学：在车里大声说话。

同学：骂完人之后还打。

同学：咳嗽的时候没有遮住。

同学：销售过期的产品。

陈小雄：这不是文明问题，是食品安全问题，可能要抓人的，不文明行为不是犯罪行为，不文明行为跟犯罪行为有区别。

同学：不管自家小狗的粪便。

同学：乱雕乱刻。

陈小雄：出国，你们旅游的时候，有没有发现不文明行为？

同学：踩外国的草皮。

同学：到外国乱吐香口胶。

同学：乱扔垃圾。

同学：乱停放汽车，有些人在外国摆地摊。

陈小雄：在国外旅游的中国人出现过哪些不文明的行为？

同学：随意触碰别人的身体。

陈小雄：这差不多是犯罪的程度了。

同学：破坏公共财物。

同学：我去外国旅游的时候，去自助餐厅看见中国人把很多东西搅在一起，把好吃的东西乱丢，这是很不文明的行为。

同学：在非吸烟区吸烟。

同学：在国外参观博物馆的时候，有的大声喧哗，有的触碰文物。

同学：中国人上厕所的时候，尿尿尿到马桶外面。

同学：商店门口随便乱坐，阻挡别人进出。坐地铁电梯不靠右，挡住别人。

同学：在地铁不能玩气球，会伤到别人。

同学：随便在酒店电梯里面按上下楼层，不让别人进去。

同学：上完厕所没有冲水。

同学：在飞机上乱打包餐具。

同学：在公交车上大声喧哗。

同学：在地铁里面吃东西。

徐华泽：下面我们听一下羊城小市长对"文明"这个话题是怎么认识的？请出

李乐思小市长，掌声有请。

李乐思： 对于文明的话题，不文明的现象是在一些小区或者在我们学校，也是经常会发生。比如说在小区的电梯里面打开一些异味的包装，使得整个电梯都充斥着非常不好闻的味道。所以文明从人人做起，从每一件小事做起，一点一滴会形成大文明。如果形成大文明，我相信每个人都会融入到文明行动里面去。要做一个文明的学生，我们是祖国的花朵，是祖国的未来，我们从自己开始做起，一点一滴，比如说上完厕所要冲水、关好水龙头之类的，所以文明是从我们这一代开始。当然，我们的爸爸妈妈同时也应该教育我们，应该如何去做才是真正的文明。谢谢！

陈小雄： 谢谢李乐思，下面请梁嘉惠小市长就文明话题跟我们分享。

梁嘉惠： 为什么我身边发生这么多不文明的现象？第一个原因是我们的标准和知识不一样的，你看起来并不是不文明的现象，所以就做了。例如公共场合大声喧哗，对某些人来说，这不算什么不文明的事情。再比如说咳嗽的时候不捂住嘴巴，可能他们从小就没有受这样的教育。所以这个标准的问题，我们还是在教育普及方面可以解决。

第二个，比较严重的是你认识到不文明的行为，但是你不去制止，这可能是跟人的惰性有关系。比如说闯红灯，其实你知道，因为我们都一直在说红灯停，绿灯行，你应该知道这个行为的，但是你在看到红灯的时候，你是不是因为自己赶时间或者想要快一点，所以闯红灯了？所以这个是人的惰性问题。再比如说随地乱扔垃圾，其实垃圾桶就在你前面不远之处，但是你懒得去，所以随手扔了。所以这个惰性是每一个人都需要去克服的。

陈小雄： 家长可以说一下，你对你的小朋友有些什么期望，在家庭里面，你们有没有进行文明的对话或者交流？

家长： 我觉得讲礼貌、讲文明，就是过马路一定要等绿灯才过，从来不会乱吐痰，排队不会插队，在公交车看到老人或者小孩应该让座。

陈小雄： 下面有请小北路小学徐虹主任就文明这个话题跟我们分享。

徐虹：刚刚听了各位同学和家长、小市长们的发言，对文明都有自己的理解与感受。为什么我们要讲文明？我觉得应该有三方面：1、一个人的文明是你的素质和修养的体现，你的一言一行就能看出你是否是一个文明的人，是自己的一张名片；2、我觉得文明是维护集体荣誉，在国外旅行或者生活要文明，因为你的文明不仅代表的是你自己，而是一个国家。那么小学生代表的是一个班级，一个学校，一个社会，乃至于一个国家的文明程度，所以我们要文明；3、我觉得文明是构建一个美好社会的需要，你们刚刚说的不文明的行为，不仅是让自己蒙羞，也会给他人带来不便。如果大家都有"人人为我，我为人人"的素质，做到文明，那么这是一个非常美好的社会。所以我觉得文明是一道最美的风景，让我们为自己，为他人，为社会，乃至为国家做一个文明的人，让这道美丽的风景愉悦自己，愉悦他人。谢谢！

陈小雄：现在我们的社会设施并不是很完善，有的马路要绕一个天桥才能过对面，这个时候没有车，这个道路有一点缝可以让我们穿过去。还有一个案例，晚上没有车，但是我们过马路的时候是红灯，有五个同学肯定会有两三个过去了，你站在那儿等红灯，会不会别人说你很蠢？如果你是讲文明的人，反而被人不理解，被人家说你"很蠢"，你怎么办？

同学：我会说讲文明是社会主义核心价值观的重要因素之一，所以我不觉得我"很蠢"。

同学：如果他说我很蠢，我会继续做文明的行为，我会慢慢做着，他也会被感化，他也会跟我们一起做文明的行为。

同学：继续坚持自己正确的观点，并做好耐心的劝导和解释。

同学：我会跟他说明，为什么要等绿灯才走，因为文明就是国家的一个素养。

陈小雄：这是我们公民应该有的基本要求。我相信这里没有人说自己闯红灯，但是晚上没有人看见的时候就很难说了。

同学：我把他当成透明的，不要听他说什么，不要信他。

同学：我会跟他说，我们讲文明的才是中国人，你不讲文明你就是日本鬼子。

陈小雄：我告诉大家，日本人很讲文明的。只是日本侵略中国才是日本鬼子，那是另外一个话题，不要相混淆在一块儿。

同学：我会跟他说中国是一个文明之国，如果不讲文明就等于不是中国人，所以不讲文明的人才叫蠢。

同学：我会继续做文明的事，然后说出我的原因，说服他跟我一起做文明的事。

同学：我会说，如果每个人都像你一样不讲文明的话，那整个世界都乱糟糟的，大家都乱闯红灯，垃圾遍地都是，最后受苦的还是你自己，你说谁蠢？

同学：我会跟他说，如果你养成闯红灯的习惯，你的生命就会受到威胁。

同学：我想跟他说，要是每个人都像你这样子乱闯红灯，世界就会变得特别乱，弄到最后，每个人都会有生命威胁。

陈小雄：我想起来了，看报纸有一段话，是我们内地人到台湾旅游，当时导游带着一帮人匆匆忙忙赶飞机。正在很关键的时候，有一个红灯出现了，我们内地很多人说不管它了，没车，冲过去了。你猜我们的导游怎么说？我们的导游说，宁可耽误飞机，都不能冲红灯。掌声在哪里？飞机可以改签，可耽误了生命，耽误不起啊。是不是？

同学：蠢就蠢呗，我自己讲文明，关你什么事？你不讲文明就不讲文明，你闯红灯就等着被抓好了。

陈小雄：我们是劝解，不要太恶毒。

同学：对于讲文明的人来说，你做一个文明的小事就等于是大好事，对于不讲文明的人，他会认为是比较愚蠢的行为，但是他可以慢慢理解这个文明的意思，可以去慢慢理解文明也是一件很好的事情。

陈小雄：文明都是从小事做起的。

同学：我会直接选择一种无视他的方法，因为这样既不会对他造成伤害，也不会把事情闹大，他自己不讲文明了，他还好意思说我吗？

同学：相信大家可能看过一幅漫画，叫做《文明只差一步》。我会告诉他，如果说你在闯红灯这方面踏出这一步的话，就说明你是不文明的人。如果你将这一步收回，别人就会敬仰你，说你是一个文明的人。这样对你，对大家都会有好处。

同学：讲文明是自己的事，我们做人要有自己的主见，不要盲目听从别人的意见。

陈小雄：我们要有主见，你们才是真正的小主人。

同学：我会告诉他国家这样规定，不能闯红灯是有原因的，因为如果你闯红灯了，撞到你的话，因为你犯了法，他是不会赔钱的。

陈小雄：有没有家长可以回应这个问题？做文明的事被人家说蠢，你作为家长

是怎么理解的？

家长：其实做文明的事一点都不傻，文明是要我们一起去做的，我必须得做。还有从每一件小事情，不管是文明礼让，还是闯红灯。我们都要教育孩子不要闯红灯，不要乱扔垃圾。

陈小雄：谢谢，在家庭教育里面你也是一位优秀的家长。

家长：我就想对孩子说，首先我没有闯红灯，哪怕别人说傻，我觉得这是一种文明的现象。其次，这绝对是对生命的尊重、关爱，如果生命都没有的话，一切都是空虚的，一切都无从谈起。第二，如果说所有人都这样说的话，那么这个世界确实是一个是非都不分明的世界，这是一种可耻的行为，我觉得每个人一定要坚持自己正确的观念，走自己的路，坚持自己的想法。

陈小雄：谢谢这位家长，说得非常好！走自己的路，让别人无路可走。下面我们请出东风西路小学的总辅导员宋老师给我们分享一下文明的话题。

宋老师：各位老师、各位孩子，大家上午好！

大家都非常积极地参与这个活动，刚才很多同学都已经在积极地回答问题，但我们忽略了一个小问题，学会聆听也是一种文明，对不对？

同学：对。

宋老师：我就希望我们所有孩子都能够看到问题所在的时候，用我们的具体行动表达出来，就像刚才说的过马路的现象，坚持自己的看法和做法，非常对。我们通过小手拉大手的方式，带动整个家庭，带动整个社区，带动整个社会共同进步，创造和谐的社会，好不好？

同学：好。

宋老师：所以我们从现在开始，从这些小事做起，行吗？

同学：行。

宋老师：谢谢你们！

陈小雄：谢谢宋老师！还有没有新鲜的观点和意见需要补充？

同学：觉得对就坚持，蠢不蠢，个别人讲的不算。

同学：我认为自己是一个有原则的人，我是有品德有素质的，他说我们蠢，我们学校都提倡遵守文明，那他还去学校干什么？我认为自己是一个文明的人，管他说什么，坚守自己的原则。

同学：文明礼仪是生活的根基，连最基本的生活规则都不遵守，还能干什么？如果我讲文明被别人说蠢的话，我会继续走自己的文明路，不管他。如果他继续骂我，我会说无聊。如果我有时间，我会跟他多说几句。

陈小雄：如果他坚持不听，你会不会跟他说绝交？

同学：会。

陈小雄：原则问题，没得商量，是吧？

同学：对。

徐华泽：下面我们请出一位专家来就文明的话题跟我们分享，请出广州市文明办未成年人处处长李滨跟我们分享文明的话题。

李滨：今天很高兴能够参加小主人论坛，气氛非常热烈，非常感谢主办单位，感谢我们小北路小学以及东风西路小学，感谢我们《岭南少年报》小记者热烈的参与。今天的这个话题，我个人感觉是选择得非常好，因为这个文明的话题是和我们每一个人都息息相关的。每逢国庆长期过后，大家打开电视机，翻开报纸或者上网看一下新闻，可能都会看到这样的报道，

某一个风景优美的旅游胜地在大批游客到来之后，留下了多少多少吨垃圾。出现这样的行为，大家的心里都会对个人素质有一点反思。刚才主持人也说过了，习近平主席在马尔代夫访问的时候提倡我们在海外旅游要提高我们的文明素养，说了文明的话题，使我们对文明这个话题有一个新的思考。

我非常同意刚才所有老师、同学和家长的意见，文明是一个社会进步的标志，这不仅仅是反映个人素质，而是整个国家、整个民族的道德水平，所以大家的一言一行，一举一动，不单单是代表自己，而且也是代表了我们这个国家、这个民族。对于不文明的行为，可能那些外国人不会直接说他，但是他们会用一些很异样的眼光看这些人。所以我相信每一个人都需要被尊重，每一个人都需要生活在一个非常干净、卫生的环境里面，我们都希望我们的生活过得非常的舒心，非常的幸福。

所以我希望在这里大家做到三个字：1、知。大家都知道，什么是文明，大家一起说了很多文明的例子和不文明的例子，其实我相信每一个人心目中都知道什么是

文明，所以我们首先要知道什么是文明，文明是我们一种人与人交往的道德规范，一个行为的准则。2、行。你知道这个道理，如果不去做，那就是空话一句，所以一定要把这个做到实处。3、恒。我想这个恒也包括了两个方面的含义：1）行动上要恒久，我们经常讲一辈子做好事，做文明事也是一样，你一下子不闯红灯是很容易，一辈子不闯红灯是很难的。如果你要养成一个好习惯的话，你要连续坚持做21天，那就能养成好的习惯。2）内心精神要恒久，其实我们觉得社会上，很多言行可以影响到自己。小时候如果妈妈拉着你过马路闯红灯，你会觉得这是妈妈不对的行为，可能到了中学的时候，你就会默默地跟着她闯红灯。到了大学的时候，你可能就是拉着身边的人闯红灯的人。所以我希望大家内心要有足够强大的力量，用你自己的行为举止去影响身边的人，带动身边的人，而不要受别人的影响。我希望在10年或者20年之后，如果再有机会见到大家，我问大家，那个时候大家闯不闯的红灯的时候，我希望大家大声告诉我，我用自己的行为带动他人，引导他们不做不文明的行为。

陈小雄：谢谢！最后一个话题。当你遇到别人不文明的行为，你会怎么做？

同学：看到别人乱丢垃圾，我会把垃圾捡起来扔到垃圾桶。

陈小雄：随时随刻做环卫工人。

同学：我会提示他扔到垃圾桶。

同学：去图书馆的话，如果有人大声说话，我会捂住他嘴巴。

同学：如果过马路闯红灯的话，就拖着他的衣服不让他走。

陈小雄：这也会引起肢体冲突。

同学：如果他看到一张纸屑不捡起来，我就走到他前面捡起来扔到垃圾桶，他肯定会受感动，以后会做和我一样的事。

同学：如果他想做不文明的事情，我会先劝他不要做，然后告诉他为什么不能做。

同学：有时候他们乱吐痰，我会用纸巾包住，然后扔进垃圾桶，跟他们说，不要这样做，这样只会污染地球的环境。

同学：一些大楼里面有垃圾桶，因为很多人在外面抽完烟进来了，随便把那些烟塞到垃圾桶，然后搞得整个大楼都是烟的味道。这个时候我会拿一些水，把烟蒂浇灭再扔到垃圾桶里。

同学：如果别人随便丢垃圾，我会逼他丢到垃圾桶，或者是说服一下，他应该会跟着做的。

同学：如果我在生活中遇到这种不文明的行为，我一定会细心地提醒他改正，要有好的行为。如果他执意这样做，我就会去告诉老师或者告诉其他同学。

同学：如果有人上楼梯不靠右走的话，我会跟他说，如果人人都这样的话，岂不是都横着走。

同学：如果他乱扔垃圾，我会捡起来塞给他，要他扔到垃圾桶里。

陈小雄：如果他比你强壮，你也会逼他吗？

同学：会。

同学：假如他随地吐痰或者乱扔垃圾，我就会跟他说，你这样子是方便了自己，但是连累了环卫工。假如你是环卫工，你会怎么想？自己好好想想。

同学：有时候地上有一些报纸，我会捡起来然后卖掉，收集一些钱给班里做会费，买书本、玩具。

同学：我觉得如果他做错了事，我第一时间先劝劝他，如果他不听的话，我可以直接无视，因为他不听了，再说多的话又有什么用。

陈小雄：下面请羊城小市长梁嘉惠说说有什么好的建议。

梁嘉惠：我主要是想说两点：1、刚才有同学说，如果看到有不文明的行为就直接无视。我们应该带动身边的人跟我们一起去做文明，为整个社会造福。2、刚才很多同学说到各种各样的方式，有一些方式其实本身就是不够文明的，那就建议大家，如果看到有不文明的现象，要用一种文明、有礼貌的方式去劝阻别人，不是动用武力，例如：硬塞或者捂住他的嘴巴不让他说话。谢谢！

陈小雄：谢谢小市长。

同学：如果我的同学执意要闯红灯，还骂人的话，我会劝他。如果他不听的话，我会跟他说，文明的人不会显得太聪明，但是不文明的人通常显得很愚蠢。他连自己的命都不尊重，我何必尊重他？

同学：一般我是会用劝说的方式，我劝他将心比心，我每次出国就会看见很多人，在不能拍照的地方拍照，我就会劝说他，这毕竟是博物馆，是不可以拍照的。

同学：如果我有一个同学执意闯红灯，我会拉住他，会告诉他，你这样子做不过是自己走向死亡的步伐。

同学：如果他执意要闯红灯，我会对他说，这个会损失自己的个人形象，也对未来有很大影响。

陈小雄：谢谢这位同学，好了，现在这个时间，我们请出华南师范大学关锋教授为我们作总结发言。

关锋：文明是非常重要的。它有多重要呢？关于这个问题，我们古代的大思想家、大教育家荀子曾经有一个很全面、很到位的说法。它包括三句话：第一句话是"人无礼则不生"，它的主要意思是一个人不讲文明礼貌、文明礼仪，他很难在社会中立足、生存；第二句话是"事无礼则不成"，它的主要意思是，做事情不讲文明礼貌、文明礼仪很难成功；第三句话更重要，"国无礼则不宁"，它的主要意思是说，一个国家如果没有文明礼貌、文明礼仪，那这个国家就不可能安宁祥和，人们天天都处在争吵、争斗中。三句话合在一起，从个人到做事到国家，完整地揭示了文明礼貌的重要性。

很高兴亲临现场，给我上了很深的一课，这个活动办得很好，就像大家刚才说的，中国人在国外的文明素质不高，很多小朋友从媒体或者亲身感受到了。到美国、新加坡、台湾地区，我们就要思考：我们和台湾都是儒家文明，都是中华文明，凭什么人家能做好，我们就做不好？还有一个问题，习近平主席讲的，全面深化改革，这个太深厚了，这个叫做社会主义核心价值观。讲文明这个活动选题很好，因为主题定得好，把大家都喊来说一句话，叫讲文明从娃娃抓起。我是大学里面上课的，但是我到这里发现，大家表现得比较棒，比较好，你们积极主动，有些感悟很到位。有一些问题，既生动活泼又很有水平，在这个过程中，我一个是感觉惊喜，听到大家的发言，很有感觉。你们的希望就是我们的希望，既代表了大家的未来，也是代表了国家的未来。希望大家能做得言行一致，要说到做到，谢谢大家！

陈小雄：谢谢关教授，我们最后的环节，颁奖。请出我们三位同学作为代表，他们分别是东风西路小学的刘青依、小记者周子琪、小北路小学吴嘉宇。

三位同学敬礼接受颁奖

陈小雄：下面我们请出三位领导嘉宾为我们在座每个同学送出一本关于文明礼仪的书籍，是我们广州文明办送出的，请台上的同学起立，排成两行。

陈小雄：谢谢各位。文明，从小做起，从小事做起，从现在做起，好不好？

陈小雄：下面我宣布"小主人活动论坛——践行社会主义核心价值观之文明大家谈"活动到此结束，谢谢各位领导嘉宾，谢谢各位老师，谢谢各位同学，谢谢现场的工作人员，我们下次活动再见！

第27期

小主人论坛

——小学生需要怎样的**财商教育**

时间：2015年9月26日上午9：30

地点：广州市番禺区沙湾镇华美乡村儿童活动中心

主持：广州市儿童活动中心　陈小雄　郑瑛

主持人：很高兴来到番禺沙湾镇举行第27期的小主人论坛活动，小主人论坛活动第一次走进乡镇，走进乡村儿童活动中心，今天我们要讨论的是小学生需要怎么样的财商教育。

主持人：儿童活动中心的小主人论坛是通过15年培育发展起来的校外教育品牌活动，这个活动深受少年儿童的喜爱，小主人论坛提供给孩子们在时政、民生、社会、教育、城建、环保等领域发表自己意见和建议的平台，是对小公民进行思想和道德教育的重要阵地。

主持人：我宣布第27期小主人论坛活动现在开始。首先介绍一下参加今天活动的领导和嘉宾，他们是：

广州市儿童活动中心党支部书记、主任　古方

广州市儿童活动中心副主任、广州市妇女干部学校党支部书记　刘武

《羊城晚报》政文编辑部文教室副主任　陈晓璇

沙湾镇妇联专职副主席冼惠梅，沙湾镇妇联副主席　罗超平

农业银行西堤二马路支行行长　杨燕

儿童心理学专家、广州市家庭教育讲师团成员　晏秀祥

中国艺术与教育国际交流促进会会长　韩政利

中国艺术与教育国际交流促进会儿童财商教育讲师　冯萧萧、崔浩

还有广州市第十届"羊城小市长"孙家茹、肖睿、范玥、李睿童、李岳桐。

来自沙湾镇中心小学和京兆小学的同学们以及《羊城晚报》的小记者。

非常多的领导嘉宾和同学们热情地参与到今天的活动，下面我们首先请出广州市儿童活动中心古方主任致辞，掌声欢迎。

古方：亲爱的同学们、家长们，上午好！第 27 期，首次走进了美丽的沙湾，这次活动主要是对孩子们的财商进行有效的直观的对接和教育的活动。大家都很清楚，财商是孩子们三大教育的智商培养之一，我们说财商教育如果进行了有效的运作，这过程当中能很好地掌握财商的技能，财商的技巧和财商当中一些理念，对孩子们今后的成长有很好的帮助。

我希望通过这样一次论坛活动，可以促使孩子们能更好地管理好财产，经营好自己的理念，最后能很好地成为一个国家需要的优秀的人才。通过这样的活动，一定要让更多的孩子掌握理财知识和经营手段，更多地接受到更好的财商教育，希望在今天的论坛当中，孩子们能谈出更多、更好的想法。最后预祝活动取得圆满成功。谢谢！

主持人：谢谢古主任致辞，在活动没有正式开始之前，先请来自中国艺术与教育国际交流促进会会长韩政利挑几位同学先来做一个热身游戏。

韩政利：现在挑 5 个小孩，我们就近取材。游戏叫"如棋"，棋如人生，人生如棋，理念是把身边所有能利用的资源，也包括财富，通过"如棋"的形式，让孩子在棋盘上运营，让孩子通过实践总结怎样投资理财，怎样管理自己的财富，经营好自己的人生。下面我们来简单的介绍一下"如棋"的规则。

"如棋" 游戏互动

如棋，分为三个部分，第一个部分是我面前的货币盒，里面有很多的模拟的钱币，而且是不同面值的，"如棋"盒里还有"如棋"卡都是操作的时候用到的，面前的方方正正彩色的盘叫棋盘，还有包括每位小朋友手中的操作盘，每个小朋友来参与操作的时候有一个。

如棋里面有两个角色，我今天来
当银行家，就是掌管钱的。下面的小
朋友掌管操作盘，他们就是今天的玩
家，开始游戏规则：所有的小朋友将
你的梦想标识，也就是小三角的标识
拿出来，有一个环道，一个圆形，一
个是正方形，正方形里面有梦想，每

个人都有梦想，小朋友看看你选择什么，就把梦想标识放到你的梦想当中去，请小
朋友快速地选择。其中你的梦想有长大后拥有游乐场，给小朋友带来欢乐有没有，
其他的小朋友找黄色的框，长大后成为服装设计师，为人们设计出漂亮的衣服。还
有长大后有一家医院，让更多的人可以拥有健康。你的梦想是什么？

学生：拥有一家游乐场。

主持人：我们进行第二个步骤，所有的小朋友将棋子拿出来到游戏开始的位置，
正方形就是开始的位置。依次排开了之后，请小朋友再看着自己的操作盘，请把骰
子拿出来，转一下，打出来一个数字，记住自己的数字。然后将你自己拥有的颜色，
刚才你拿的棋子是什么颜色，按数字大小排开，这样我们就知道谁要进行第一步游戏，
谁要进行第二步游戏。

我们在开始游戏之前，要发给每个小朋友 500 块钱的基本金，然后你要把我给
你多少钱就要自己做一个标识，你今天收入了多少，有一个收入的格子，把相应的
钱数的标识放上去，标识就在你收入最后的小格子里。这就是操作的标识，这是用
来记录今天收入了多少还是支出了多少，最后会剩回多少，包括后面的这些地产标识，
还有白银标识，都是用来记录收入和投资的部分。

第一位小朋友扔骰子，走 4 点，顺时针走 4 点，走 4 点后你的棋子停留在哪里？
交易里，现在你拥有什么资产的部分吗？除了这 500 块钱你有其他的资产吗？没有，
那就说明你要抽取交易卡。

学生：今日价格 700，土地交易。

主持人：他抽到的土地交易是 700 元，他们都没有土地，没有资产，所以这张
卡片就报废了，抽取了的交易卡是不可能再抽取的。请第二个小朋友，红色的，4 点，
也是交易，你跟他也是同样的。

学生：房地产交易，今日交易 400。

主持人：哪位小朋友手中有吗？还没有买过，也废掉了。下一位，黄色。

学生：6 步。

主持人：走到了哪个点数？

学生：资产。

主持人：那就要抽取相应的资产卡。

学生：白银，可以购买一些白银。

主持人：他抽到了资产卡，现在他可以买白银了，现在你要选择你要不要投资，就是说你想不想，因为可以交易的时候，卖出去的更多，现在你可以选择要不要先买进来再高价卖出去，买东西的时候要给谁钱呢？要从银行家手里买，你要给我相应的钱数。

学生：100 元。

主持人：我找你多少？

学生：400。

主持人：现在你得到了什么？

学生：白银。

主持人：你得到了多少钱的白银？

学生：100。

主持人：请下一位小朋友，2 步，还是资产，请你抽取一张资产卡。

学生：你可以购买一家企业。

主持人：价格范围是多少？

学生：支付 1200。

主持人：然后价格范围呢？

学生：600—1800 元。

主持人：我们再来分析一下，下面的小朋友，现在他要买一家企业的话，向我支付 1200 元，可是现在他手里只有 500 元，应该怎么办？

学生：借。

主持人：跟谁借？

学生：银行？

主持人：还可以跟谁？

学生：身边的买家。

主持人：跟银行家借和跟身边的买家借有什么区别？

学生：要收利息。

主持人：跟银行家借有很高的利息，假如说你借了1000，要给我10%的利息。如果跟玩家借，可以商量他给我1000块钱不给利息。他说支付1200元，他的价值范围是600—1800元，可能会盈利或者是亏损？

学生：都有可能。

主持人：在什么情况下都有可能。我要问旁边的小朋友，如果他买了之后，在什么情况下会盈利？

学生：1800的时候会盈利。

主持人：当交易卡抽到1800的时候就会挣到多少钱？

学生：600。

主持人：当什么时候他会赔钱呢？

学生：当他抽到600元的时候会亏损600元。

主持人：当他抽到600元的时候就会亏损600，现在你投不投资由你来选择，你需要购买吗？

学生：不需要。

主持人：那就放弃了。

主持人：这个游戏告一段落，谢谢来自北京的专家和参与的同学们，掌声鼓励。下面我们抓紧时间进入论坛的第一个环节，我想问问同学们。你们长这么大了，知道钱是从哪里来的吗？

学生：钱是挣出来的。

主持人：还有没有其他的答案？

学生：钱是从银行来的。

主持人：那边的女孩？

学生：政府来的。

主持人：现在三个答案了，有挣出来的，有政府出来的，有银行出来的。我问一下你。

学生：要辛苦的工作赚出来。

主持人：还有其他答案吗？

学生：我觉得有些人是炒股赚钱。

主持人：很好，还有没有其他答案。

学生：钱是攒出来的。

主持人：请后面的那个紫衣服的女孩。

学生：钱是印出来的。

主持人：是不是你家印出来的？你家印出来警察马上上门了。

学生：钱是投资出来的。

主持人：很好，还有其他答案吗？

学生：钱是做生意挣出来的。

主持人：我现在有一个答案同学们都没有说出来。

学生：钱是从红包里面拆出来的。

主持人：你来。

学生：钱是从彩票那里刮出来的。

主持人：大家都知道钱是从哪来的，有银行的什么都有了，有一个同学说得很好，钱是通过劳动挣出来的，不是天上掉下来的，也不是在家里面印出来的。我下面接着问，你的钱是从哪来的？

学生：我自己的钱是新年的时候亲戚朋友送的压岁钱，还有我劳动爸爸妈妈给的零花钱，还有我写日记的稿费。

主持人：你很厉害，给一个小礼品。

学生：我的钱是新年的时候爸爸妈妈给我的。

主持人：就是从红包过来的。

学生：我的钱是从奖牌那里来的。1元等于1角。

主持人：那不是亏死了，你是怎么赚的？

学生：一个奖牌等于1角。

主持人：那就更不值钱了，坐下，你亏大了，一个奖牌才1角钱。后面的女孩。

学生：自己赚来的。

主持人：你自己会赚，怎么赚的？

学生：做家务。

主持人：一次多少钱？

学生：有时候5毛，有时候1块。

主持人：家长高兴给1块，不高兴给5毛。

学生：家人的手中得来的。

主持人：因为什么获得？

学生：家务劳动，拖地洗碗。有时候家人觉得我扫地扫得不好就扣。

主持人：我找一位家长，刚才很多同学说到，做家务该不该给钱，或者怎么给？

家长：我觉得应该给，按他的实际劳动给。

主持人：心情好就给？

家长：按劳动成果。

主持人：还有小记者，边上的这个。

学生：我的钱也是做家务挣的。

主持人：有红包吗？

学生：有。

主持人：大概拿多少？

学生：每年应该是 2000 多。

主持人：有没有比 2000 更多的？

学生：1 万。

主持人：比 1 万更多的呢？有这么多的，戴眼镜的你呢？

学生：1 万零 50 元。

学生：2 万。

主持人：请问你爸爸妈妈是干什么的？

学生：在长隆卖票的。

主持人：还有没有比 2 万更厉害的？

学生：好像是 3 亿。

主持人：那是吹牛！没有超过 2 万的吧？接下来我想问问大家，大家拿过红包压岁钱的请举手。基本上百分百都有。请问你们的压岁钱是怎么样用的，有没有刚刚拿完了压岁钱就被爸爸妈妈收管了的？旁边的那个女孩，你的红包压岁钱是怎么用的？

学生：给爸爸妈妈收管了。

主持人：收了多少？

学生：1290。

主持人：就是百分之百，没有用过？

学生：没有。

主持人：待会我找个家长来问问。

学生：我的压岁钱总共有 1000 多，一拿回来就给我妈拿走了。

主持人：都拿回去了，你不是说"恭喜发财，红包拿来"，怎么又拿回去了？

请小市长回应。

肖睿：相信大家都会经历一个个"悲惨"的故事，当你的亲戚朋友给你压岁钱后，你满心欢喜接过来，在手里还没捂热，家长就会说"孩子，那么多钱放在手里不安全，妈妈帮你保管"，还有爸爸妈妈说用来交学费。我自己的处理方法是，跟我的爸爸妈妈通过协调后，每年有200块钱，可以用它来买文具，也可以积攒起来买想买的东西。这样是比较有利的方式，我们手里的钱既不会太多，干一些小朋友不太有能力干的事，也不会因为手里没有钱，或者因为爸爸妈妈拿走了钱感到心碎。

李睿童：刚才肖睿同学已经说了小学生应该如何正确地使用压岁钱，我做几点补充。同学们已经长大了，应该自己做理财方案，想想自己压岁钱可以做哪几件事，哪几件事可以投入金额。第一点可以将压岁钱用在学习用品上，买书，参加兴趣小组，提高能力，减轻父母的负担。第二还可以将压岁钱献爱心，帮助其他的孩子，助人为乐。第三点可以扣掉压岁钱的一小部分，做以上的几件有意义的事情，其余的压岁钱采用定期储蓄的方式存入银行，可以养成存钱的良好习惯。同时提一个建议，把自己一小部分的压岁钱存在固定的存钱箱里，做一个帐目本，把数据登记在上面，使自己清楚钱的去向，学会计划用钱，科学理财，把钱用在有意义的事上。

主持人：谢谢李睿童。我们找一位家长，刚才小朋友都说了自己的红包一下子就没有了，作为家长感觉怎么样？你们的意见和态度。其实同学们的红包也是家长付出了相当的数目换来的。

家长：我觉得如果他们自己能规划的话是可以的，红包钱应该由他们来规划怎么用，这个是完全可以的。

主持人：讲出了一个道理，学会规划就是学会理财，学会怎么样对小朋友进行财商教育。接下来看看同学们是怎样合理安排和使用零花钱的？

学生：我的压岁钱一拿到就给爸爸妈妈，怕自己的钱容易掉。我那次把我妈妈珍藏了20年的玉给弄掉了，现在大概可以卖几万了。

主持人：告诉大家你是怎么理财的？

学生：我们的零花钱是把红包钱给爸爸妈妈，之后是通过自己帮妈妈卖东西去赚的。

主持人：做小生意。

学生：自己给本钱，自己赚零花钱，把零花钱放在自己的包里面。如果要买学习用品和工具都可以用自己挣的零花钱来使用。

主持人：谢谢，请旁边的小女孩。

学生：我的压岁钱是给爸爸妈妈。

主持人：你等于没有零花钱了。

学生：有些是我自己的。

主持人：比如？

学生：比如买本子的那些都是向爸爸妈妈拿钱。

主持人：谢谢，我们找小记者，没有发过言的举手，给其他人机会。

学生：我一拿到自己的压岁钱会把一部分给我的爸爸妈妈，剩下的一些把它分成一半，10元下的捐款，我会把剩下的一些买自己的学习用品，甚至我可以捐给我自己的学校。

主持人：做善事很好，其他的小朋友？

学生：我的红包钱大概一年有1500元，妈妈会把其中的200元给我自己支配，其他的存去银行，200元我会分成两部分，分两次用。一张100元买书，其他的用来买我自己的学习用品。

主持人：这位同学说得很好。后面的同学请发言。

学生：我的红包钱有一部分拿给家长，有一部分自己拿去买书。

学生：我的零花钱是给妈妈存到银行。

主持人：很多家长，很多同学都知道，把一些暂时没用的钱存到银行，有请农业银行支行行长杨燕来回应一下。

杨燕：大家好，我是金融从业人员，其实也是一个7岁小孩的妈妈。我今天非常高兴有这个机会来这边，其实也是跟大家学习和交流财商教育的问题。刚才好多小朋友很可爱回答钱是从哪里来的，我们手中的钞票大家都清楚哪里来的吗？

学生：中国人民银行印的。

杨燕：刚才这个小朋友的回答里面，我们都知道钱是中国人民银行印出来的。小朋友手中的钱，大家知道都是爸爸妈妈的辛苦劳动、或者是赚钱得来的。小朋友赚钱也有自己的方式，就是你们通过家务，通过帮爸爸妈妈做生意提取佣金。你们有去过银行吗？

学生：有。

杨燕：那去到银行你可以做点什么？

学生：帮爸爸妈妈存钱。

杨燕：小朋友们，其实你们生活当中的一点一滴都会跟钱有关系。我觉得在你们这个年龄里面，每个小朋友对钱的概念的接受程度都会不一样。你们应该更多的阅读来丰富知识。家长也可以给孩子创造一些选择的条件，让孩子做出选择，当然是在你们的范围内。其实财商教育，什么阶段需要什么样的教育，没有什么硬性的要求，大家只要多跟孩子沟通，他能接受什么样的认识，他内心里面有什么需求，在这个基础上，多听听孩子们的心声，给孩子制定适合他们的措施，就可以了。

刚才的游戏也仅仅告诉我们，从小抓起跟大了后才做是完全不一样的。包括现在大人去到银行做理财，也会面临很多的选择困难。有时候我们抛出来一些什么理财产品，相信大家也会有选择困难症，钱该做什么也会听我们的建议和选择。银行也是把信息传达让你们做选择。同样，也希望各位家长能够在理财教育方面多给孩子选择权。

主持人：经过杨燕行长的简单介绍，同学们也大概的有所了解。我问一问哪个同学家里有储蓄罐。举手看看，基本上95%都有。是不是理财就是从这些储蓄罐开始的呢？想听听同学们有什么意见？

学生：储蓄罐对于我来说，可以帮我存钱。

主持人：存钱后呢？

学生：我会给爸爸妈妈。

主持人：你很孝顺，听听这位。

学生：我会把那些压岁钱存在里面，等到读大学的时候再来用。

主持人：你这个问题很难，储蓄罐能供你读大学吗？都是硬币，要好多好多。

学生：装满就行了。

主持人：储蓄罐那么小？

学生：我把我的零花钱放在储蓄罐，藏到一个地方。

主持人：什么地方？

学生：收到我的玩具堆里面。

主持人：有作用吗？

学生：小偷不会翻我那里。

主持人：我们请小市长。

李岳桐：我跟大家也差不多，存钱也是从储蓄罐开始的，积少成多，把一些小的钱存在储蓄罐，慢慢多起来就存在银行。银行也像一个储蓄罐，存在银行会更安全。所谓的积少成多可以养成节约和存储的习惯，我觉得创造财富才是更重要的，我会收集家里的废品卖，作为我的零用钱和积蓄。

主持人：下面没有发过言的请举手。

学生：我的储蓄罐就是存钱，有时候要买文具就把钱拿出来。

主持人：怎么拿出来的？

学生：储蓄罐底下有一个开口。

主持人：同学们要知道一个道理，储蓄罐是积少成多，慢慢的储蓄就会慢慢的多起来。这个男孩好厉害，你做过小生意，跟我们一起来分享一下你的理财收获？

学生：妈妈每次拿货回来都有很多包装胶袋，我就拿去卖废品，还有自己拿桌子在外面摆摊，一天也就赚 10 块钱，很开心。

主持人：这个过程有什么收获？

学生：知道了爸爸妈妈挣钱是那么辛苦的，劳累一天才挣那么多钱，不要每天都问爸爸妈妈要钱。

主持人：掌声鼓励，他告诉我们钱并不是那么好挣的，要辛苦，要劳动，要开动脑筋想办法。下面请出一位小市长，他也是番禺区出来的，是东道主。

孙家茹：谢谢大家，刚刚听了这么多同学的发言，特别是刚刚的小男孩说他自己从自己的劳动赚取的钱，感受到爸爸妈妈挣钱十分辛苦。也分享一下我的理财经验，会经常去参加许多的社会实践活动，有很多的社团和社区会组织孩子一起卖报纸的活动，把自己的旧书或者是玩具摆出来自己售卖，赚取钱财，这都是我们自己辛苦劳动出来的，花钱的时候也不会感觉到像爸爸妈妈给的一样不好意思，会因为是自己赚来的感到十分开心。

有些小朋友觉得好不容易拿到的钱给爸爸妈妈，心里不开心。爸爸妈妈虽然收了我们的钱，但是爸爸妈妈不会骗我们，虽然没有在我们面前花出来，却帮我们存着，等我们要用的时候会给我们。希望父母可以带领自己的孩子，收了红包可以存到银行，开一个账户，一起学习理财，这样孩子工作后都会很好地支配自己的钱财，我觉得这都是十分好的。

主持人：谢谢孙家茹。我们再听听小朋友理财的过程，有什么要跟大家一起分享的？

主持人：你会讲价吗，老板说 100 块 1 件衣服你怎么砍？

学生：70。

主持人：要讲技巧和心理战。还有没发言过的吗？

学生：我是自己用零花钱买一些文具，会便宜一点，再卖出去。

学生：我也试过卖报纸的活动，我有一次卖了40多份报纸，还有一次卖了38份报纸，还拿了个第二名，还有赚到5块钱。拿了第二名还有15瓶一箱的港式奶茶送。

主持人：我们不是为钱而去挣钱，关键在这个过程我们有什么收获和经验，对以后的生活有什么帮助。接下来我们进行关于财商的教育，什么样是财商的教育呢？我们请出小市长，范玥同学说一下。

范玥：曾经读过一本《穷爸爸富爸爸》的书，要成为金钱的主人而不是奴隶，我认为财商教育就是让青少年成为金钱的主人，培养青少年管理金钱的能力。我认为财商教育有利于实现将来的人生理想，造福人类社会，财商教育让我们找到了获取财富的规则，找到打开财富大门的金钥匙，为我们的将来奠定良好的基础，谢谢大家。

主持人：发言很精辟。今天小主人论坛的关键是需要怎么样的财商教育，前段时间《羊城晚报》报导了36所中小学要开财商教育的课程，有没有家长或者是小朋友看到相关报道？财商教育并不等于炒股票，没有看到的也没关系，我们请到了《羊城晚报》的名记者陈晓璇过来，跟我们一起分享和交流。

陈晓璇：大家好，首先我想代表《羊城晚报》感谢广州市儿童活动中心，能够跟《羊城晚报》的小记者俱乐部举办这次活动，也感谢沙湾镇给我们提供这么好的环境。今天的主题定得非常好，刚好是开学前的教育热点。今年的广州市有36所中小学准备开设理财课程，刚开始政策出来的时候大家都有很多的争议和意见，会担心这是不是教小孩子炒股，最近炒股是社会的热点，家长会担心会不会将炒股的风气引到小孩子身上。我们经过采访课程制作的老师，他们讲到，这个课程是普及小朋友一些理财的知识，并不是教我们炒股。

其实财商教育在国外是非常重视的，跟情商、智商是并列为现代素质教育的重要的方面。其实我觉得现在广州市有这样的意识来进行理财教育，是非常正确的。我也建议家长可以给小朋友一些理财机会，适当引导小朋友做家务领取一些劳务费的行为，不会说有什么负面的影响。其实我还想推荐大家看一本书，在国外有一本理财的童话叫《小狗钱钱》，没想到这只小狗是理财高手，不断地跟他讲理财知识，后来引导他们一家人走上了致富的道路。理财不可怕，金钱也不可怕，可以让小朋友认识金钱，认识金钱的作用，做金钱的主人，而不是奴隶。

主持人：非常感谢这次活动得到《羊城晚报》和番禺区沙湾镇妇联的支持。请同学们想一下，如果你们学校要开这些金融理财的课，有什么好的意见和建议呢？

学生：我觉得关于财商教育，缺点要讲出来，好的方面也要讲出来，这样才会更好。

主持人：还有没有好的建议和意见？请小记者。

学生：我的建议是老师可以让我们学习更多的理财知识。

学生：我建议用有趣的课程，不要死板的教书，有点游戏和活动形式的会好一些。

李睿童：我认为小学生和大的学生是不一样的，金融理财不求专业性、理论性和系统性，但是一定要求科学性、知识性和趣味性。金融理财课要让同学们觉得非常有趣和好玩，而且同学们愿意去学，乐意去学。老师不要拿一些理念和原理吓唬学生，让学生望而生畏。在外国一些发达国家，财商是必修的课程，但是在中国几乎是空白的，所以我认为金融理财课对小学生好，中学生也好。理财对我们的身心健康是非常重要的。

主持人：我们想请沙湾镇第一中心小学的老师及家长来回应一下。

家长：我是家长，在这里听了专家、领导还有同学们的发言，觉得很受启发。因为家长从常规的教育里面，有时候把理财、小朋友的自尊剥夺了。通过这次活动，我深受启发，科学理财，合理支配，对于接下来相关部门开展的课程我非常支持，这个活动办得非常好。

老师：作为学校来讲，非常重视同学们财商的教育，怎么样合理理财、安排时间。其实时间也是宝贵的财富，学校在这一方面也挺重视，引导同学们怎么样动静结合，合理安排时间。在合理安排时间的基础上怎么样合理理财，用好自己的钱、管好自己的钱。这样我们从小有这个良好的习惯，为自己的未来打好基础。谢谢！

主持人：谢谢这位老师，最后请两位同学回应，有什么好的意见和建议。

学生：应该先让老师给我们讲一些理财的知识，然后再放一个短片，上面都是一些错误的理财知识，再提问让我们回答，这样就能更好地告诉我们。

主持人：通过错误的东西吸取教训，这位同学说得很好。

学生：可以让老师提出一些问题，让我们回答，一些坏的或者好的理财方式。

学生：让老师带我们去银行看一下银行是怎么工作的。

主持人： 下面有请儿童和心理教育的专家晏秀祥老师总结，掌声有请。

晏秀祥： 尊敬的各位领导、各位同学，大家好，很荣幸今天被邀请来参加这一期的论坛活动。我是个老教育工作者，参加专门的财商教育课是第一次，今天很受启发，感受也很多。成长从人格健全的角度来讲是三个层面。

第一个是智力开发，第二是情商，第三是财商。智力开发是提高孩子的注意力、记忆力、思维力和想象力。从家庭到学校到社会，已经引起了逐步重视，甚至有些家庭把全部的时间用在孩子的智力开发上。关于情商，也就是自我情绪管理能力和人际关系能力，家长和老师都有一定程度的认识，开始慢慢地引起重视。第三是财商这块，社会活动在慢慢地增加，学校专门把它作为一个话题来讲，或者是家庭拿出孩子成长的很重要的一个部分还需要实践。今天主办方的这个活动是极好的开端，在孩子素质教育或者是健全人格的过程中有好处。我在听的过程中感到很有趣，起码在座的孩子，通过这个活动，知道钱是怎么来的，钱该怎么花，多数的孩子没有经历这个活动的时候，钱的来路很单一，向爸爸妈妈伸手。今天有部分的孩子知道钱要自己去劳动，起码知道钱是需要付出的，是等价交换。

钱怎么花？很多人挣钱很厉害，但是挣了钱怎么花？我们要做金钱的主人不是做金钱的奴隶，别墅有了，高档车有了，开始抽白粉，思想变空了，人生变空了。在今天同学们的讨论过程中，他们的思维非常活跃，除了自己消费，还要承担责任，家庭责任，社会责任。有的同学拿钱捐赠，或者是以钱生钱都是很好的思路。我代表老教育工作者对今天的主办方表示衷心的感谢，也代表老教育工作者祝愿在座的各位小朋友都成为未来的小小银行家，谢谢大家！

主持人： 非常感谢晏秀祥老师做总结，下面请古方主任和陈晓璇记者，为同学们颁奖，谢谢他们对我们活动的支持。请颁奖嘉宾跟他们一起合照。

谢谢各位领导嘉宾，谢谢老师同学们的积极参与，第27期小主人论坛正式结束，谢谢各位，我们下次活动再见。

领导、教育专家、嘉宾、记者与学生代表合影留念

第28期

小主人论坛

——乡村儿童的安全与保护

时间: 2015 年 11 月 15 日上午 9: 10—10:50

地点: 花都区九湖村乡村儿童活动中心

主持: 广州市儿童活动中心 陈小雄

第十届羊城小市长 李睿童

主持人: 各位领导、嘉宾、老师和同学们,大家早上好,站在我旁边的是第十届羊城小市长李睿童。

主持人: 站在我身旁的是广州市儿童活动中心陈老师。

主持人: 今天来到花都区花东镇九湖村,来这里干什么呢?进行第 28 期小主人论坛活动。11 月 20 日是国际儿童日,这是由联合国发起的纪念日,其目的是促进儿童保护,鼓励教育事业的发展。在国际儿童日到来之际,小主人论坛活动特别走进乡村,希望通过论坛形式,让同学们善于发现身边的环境有哪些不安全的隐患,学到更多的安全保护知识,学习安全与保护技能,提高乡村儿童权益,促进乡村儿童的身心健康发展。

主持人: 我宣布第 28 期小主人论坛活动正式开始。首先认识一下参加活动的领导和嘉宾,他们是:

广州市儿童活动中心副主任、广州市妇女干部学校党支部书记 **刘武**

广州市花都区妇联副主席 石丽芳

花都区花东镇妇联副主席 高素娟

羊城晚报政文部文教室副主任 陈晓璇

羊城晚报活动运营主管 王芳

平安广州志愿服务总队副队长 何贤访

广东世港律师事务所专职律师 李旸

华东区花东镇九湖村党支部书记、村长 王汝冠

第十届羊城小市长 邓尧、金小钰、赵新悦

还有来自花都区花东镇中心小学和九一小学、登峰小学的同学及《羊城晚报》的小记者，欢迎大家。

主持人： 下面有请广州市花都区妇联副主席石丽芳讲话。

石丽芳： 尊敬的刘武主任、各位领导、嘉宾、老师、同学、媒体朋友，大家上午好。今天广州市儿童活动中心在我们花都区花东镇九湖村举办第28期小主人论坛"乡村儿童的安全与保护"活动。非常感谢广州市儿童中心在这里举办这场活动，请允许我代表广州市花都区妇联，向前来参加这次活动的所有朋友，表示热烈诚挚的问候和衷心的感谢。

随着科技的进步和发展，我们的生活质量在逐步提高。在享受非常丰厚的物质生活的同时，也面临一些危险。现在是一个科技高速发展的时代，小朋友都有手机上微信，我们经常会看到和听到意外事故的发生，比如说交通事故，小朋友吃东西卡住而死亡，这些意外的发生对我们家庭造成很大的伤害，甚至对我们孩子们产生一些负面的影响。之所以发生意外事故，一方面家长对这个问题的重视程度不高，也有小朋友对一些安全知识掌握不是很全面，今天我们非常高兴请到广州市儿童活动中心在我们这里举办活动，为小朋友传授安全保护知识，希望各位同学积极参与，让我们这个活动进行得圆满与顺利。孩子是国家的未来和希望，你们的安全大于天，希望在今后的学习和生活当中，你们肩负起祖国的未来和希望，共同为我们国家的兴旺发达做出更多的贡献。谢谢大家。

主持人： 接下来有请广州市儿童活动中心副主任、广州市妇女干部学校党支部书记刘武讲话。

刘武：尊敬的各位老师、同学、媒体朋友，大家早上好，很开心来到九湖村，这里是我们广州市妇联打造的六个乡村儿童活动中心之一，全广州共六个。花都镇九湖村是非常漂亮的一个儿童活动中心，这个中心有悠久的历史，希望大家看一看，这里面有很多历史故事。

小主人论坛以前是在活动中心广场举行的，由于正在装修改造，所以这一次活动就放在乡村举办，这也是我们做的一个创新和尝试。曾经在番禺也开展过活动，当时是反响很大非常成功，很多同学深受教育。这一次活动主题很清楚，安全很重要，我给大家提几点建议：

一是小主人论坛是为你们设计的。你们要大胆一点，想到什么就说什么，反应要快一点，发言要踊跃一些，哪怕说错也没有关系，因为我们有很多的教官会给纠正的，有老师会指导你，这是一个很好的机会，希望大家踊跃参与。

二是活动很难得。希望大家今天晚上能够写一篇日记，参加这个活动，有什么收获、体会，跟小伙伴在这个活动中学到什么东西，要不然就很可惜了。

三是这个活动不仅要让大家来发言，不仅让大家写日记，写一个收获，关键让大家交流之后，还有我们的教官会有示范，怎么样做一个防护。你学到这些绝招，当你碰到类似问题的时候知道如何应对，为你的成长提供保证。最后，祝愿这一期论坛活动取得圆满成功。

主持人：下面有请平安广州志愿服务总队副队长何贤访教官进行安全普及教育。

何贤访：我今天先来讲几个故事。最近有一个很有意思的视频。有人买了一个新火机，他想通过上网直播给大家炫耀一下他的火机有多好玩，所以打开自己的摄像头。他发现火机没有汽油，所以就拿了一些油给火机加油。加完之后，他发现汽油有一点漏到外面，便顺手拿纸巾擦了一下，把纸巾放在桌子边，就开始打火，一下就着了。由于汽油没有擦干净，整个火机一着了，结果他手也着火，然后他把火机放在旁边，结果桌子上的纸也着火。这时候他就害怕了，他就打算扔到垃圾桶，但他没有发现垃圾桶里面有一堆纸，结果垃圾桶也着火了。他拿起垃圾桶不知道放到哪里去，于是随便放在墙角，结果墙也着火了。

我发现一个很重要的问题，很多人每次听到我要来讲安全知识的话，他就会想，今天可以学两招，大家是否知道，以前有一个高手叫泰森，他是拳王。泰森参加世

界拳赛，每次都拿到冠军，但是每次拿到世界冠军他都被打成猪头。每一个人都不会相信自己会出事，所有的受害者都是别人的，绝对不可能是自己。我希望每一个同学都学会观察，观察世界的周围，有什么事情发生。

几个月前在北京三里屯发生一件事，一个人拿一个很长的刀，走在很多人群当中，把一个女的捅死。为什么一个人拿着这么长的刀子没有人观察到。我相信她看到了，但是没有观察。在这里我告诉你们，观察人、环境，这个就是观察人的一个过程。你看到每一个人长的什么样子，给出什么样的表情，你可以大约猜到这个人是干什么的。希望从今天起你们学会观察你们周围的世界，那个池塘为什么不能走过去，为什么小朋友不能玩火。刚才故事中的那个人，因为他没有观察自己周围的世界，垃圾桶有纸，墙壁是木板都是易燃品，才酿成了火灾。

如果这里发生火灾，什么地方会烧得最厉害？就是屋顶的小木头，还有周围的书，这些地方都容易烧起来，所以要学会观察周围的环境。现在我给你们布置一个家庭作业，不用交给我，交给你爸，交给你妈。一篇文章，不限字数。你家周围哪里有危险，把它写下来，你认为什么地方有危险，什么原因产生危险，这个事情是跟你们的生命息息相关，其实你们的安全是祖国的未来，但是你们的安全谁来保障？安全负责其实是在自己，如果自己都不想救自己，那谁能救你？

主持人：谢谢教官。

主持人：下面有请广东世港律师事务所专职律师李旸。

李旸：各位领导、嘉宾、同学，大家早上好，感谢何队长有趣的演讲，我们讲个比较严肃的话题，就是国际儿童日。大家对六·一儿童节比较熟悉一点，有没有人听过国际儿童日？现在我给大家介绍一下，这个日子是由联合国发起纪念的，有没有人记得是哪一日？

同学：11 月 20 日。

李旸：为了保护儿童，是由联合国发起的，大家觉得幸福吗？

同学：幸福。

李旸：但是世界上还有同龄的小朋友生活在不幸当中，包括在教育、生活都缺乏基本的保障，有2000万的儿童因为缺乏营养、因为贫穷、战争而死亡，大家坐在明亮的教室里面上课，是非常幸福的。联合国设立11月20日为"国际儿童日"，是为了让大家来真诚感受到幸福。另外一个最重要的意义，让成年人以及社会的注视，对儿童的教育和关心，所以请大家一定要记住11月20日这个特别的节日，除了六·一儿童节，还有促使对身边同伴的关心和爱护的国际儿童日，大家以后会记得吗？

同学：记得。

李旸：另外我想问下大家，大家听过权利这个词语吗？

同学：听过。

李旸：大家知道有什么权利？

同学：财产继承权、教育权。

李旸：同学真的很厉害，大家听说过生存权，生存权利是什么意思？简单来说，这是活着的权利，在这个世界活着是一个权利，其中包括健康权、物质保障权。这些听着好拗口，其实健康权就是爸爸妈妈保障你在良好的环境下成长，提供舒服的住所给大家生活。比如你不听话，爸爸妈妈就把你赶出去，这是不对的。所以下次他们这样吓唬你，你们就可以说NO。还有刚刚说到财产的权利，财产继承权，这个离我们有一点远。问问大家有没有零花钱，谁说没有？这么可怜？

同学：没有。

李旸：其实是有的，我相信爸爸妈妈一定是帮你储起来的，利息钱没有了吗？未成年人可以掌握，是合理合法的，我觉得可以跟爸爸妈妈说，是宪法赋予给我们的财产权，我们有管理自己财产的一定权利。可以请教爸爸妈妈，比如说教我们怎么理财，把这些钱放在银行存款，这些也是可以的。会有利息，那爸爸妈妈帮你管理得很好。刚才我说了，一个是生命健康权，一个是财产权，现在问大家在家里有没有发言权？

同学：没有。

李旸：这是用来保护我们的民主权，大家都是国家的小主人，受到《宪法》和《未成年人保护法》保护。有个小朋友要去学足球，但妈妈把他拉去学音乐了，这个是可以跟妈妈商量的。我们是有权利跟妈妈说，自己想学足球。不要因为我们是未成年人，就不敢跟大人讲权利，其实权利是跟我们的生活息息相关，我们从出生开始，就有这样的权利和义务。

还有一个很重要的权利，就是上学，受教育权。受教育权，大家觉得是权利还是义务？

同学：义务教育。

李旸：义务教育是给我们爸爸妈妈的义务，并不是给小朋友的义务，当然我们上学既是权利也是义务，所以我们的爸爸妈妈都做得非常好。大家觉得还有没有什么权利？

同学：养育权。

李旸：这个也是从我们的抚养权延伸出来，爸爸妈妈把我们生出来，所以就有权利抚养我们。好，我们现在交给下一个环节，看看大家对这些权利和义务有什么意见和看法？

主持人：谢谢李旸，刚才领导和专家讲话，都是热身，现在我们小主人论坛才正式开始。你们才是小主人，下面问大家，你觉得在你身边，或者在你生活方方面面，有哪些不安全的隐患，请同学们踊跃发言？

同学：马路、鱼塘、水沟。

主持人：具体是什么东西？因为什么才出现问题？

同学：因为出车祸，交通事故。

同学：很多人在鱼塘边玩耍，不小心一下子就掉进去了。

同学：楼梯，同学在楼梯追逐打闹，就很容易掉下去了。

同学：电线，有一些人放风筝的，就很容易触电。

同学：饮水机，当你开热水时，会烫伤。

同学：农药，有一些小孩会乱吃药。

主持人：小朋友乱吃农药，这是自杀。

同学：煤气会爆炸。

同学：沙井盖，如果没有盖好，就会掉下去的。

同学：我觉得在海边，因为海里水很深，有一些比较危险的海洋动物，就会被咬伤。

同学：水井，有一些井没有看护，有小朋友在那里玩，就会掉下去。

同学：化妆品，有一些小朋友误吃了，就会中毒。

同学：浴室，有时候热水过热的时候，你会发现有出现晕眩的状态。

同学：校园暴力，有一些不良青少年就会发生暴力。

同学：有一些小孩子贪玩，在一些危房里玩，房子就容易倒塌下来。

同学：刀子，有一些小朋友玩，就会割伤人。

同学：商店里面的食品安全。

主持人：你们觉得学校旁边的小卖铺食品安全吗？

同学：不安全。

主持人：那你们还会买，只要你口袋里面有零钱了，手就会痒痒了，你认为乡村儿童最容易出现哪种问题？来请小市长回应一下。

金小钰：我认为乡村儿童总容易出现的安全事故是：溺水事故。由于乡村多水沟、水塘，且父母工作忙对孩子的关注相对比较少。加上乡村一些娱乐设施不健全，使水沟、水塘这些地方成为孩子的娱乐场所，这样就大大增加了溺水事故的发生。我在报纸上看过这样一则新闻，有一年75天内15个儿童溺水身亡，多是农村儿童。这样的新闻相信大家都看到过不少，这些血淋淋的教训告诉我们，溺水事故在乡村是很容易出现的。

主持人：会游泳的同学请举手？一半有多，有一句广州话说："浅水淹死人。"最容易发生的乡村儿童事故是什么？

同学：校园周边被人敲诈。

同学：在学校旁边没有人监护，就被人拐卖。

同学：火灾，因为乡村有很多草树，很容易着火。

同学：交通安全，因为农村小朋友缺少安全的知识，容易闯红灯。

主持人：说得很好，有一些小朋友不顾一切就冲过去。

同学：乡村有香菇，会误吃毒香菇。

同学：小朋友在山上玩的时候，可能会被毒蛇等咬伤。

同学：踩踏事故。

同学：有一些不认字的小朋友，会把农药当成水喝掉。

同学：在山上玩的时候，会摔下来，可能会死亡。

同学：社会黄赌毒的现象。

主持人：也是不安全的因素。

同学：学生旷课。

主持人：这是纪律问题，如果他自己旷课跑到鱼塘玩，那就是安全问题了。

同学：对在校学生心理威胁。

主持人：怎么威胁？

同学：拉去吸毒。

主持人：这个很严重，谁会抓住小朋友给毒品他吸？毒品很贵的。

同学：山体滑坡。

主持人：大雨、泥石流。

同学：乱吃野果，樱桃。

同学：其他细菌侵袭。

同学：农村种地锄头，可能会把小朋友砍伤。

同学：楼梯踩踏，校园暴力。

小市长：我觉得还有一个是食品的卫生安全方面，虽然国家也有在整治，但是还有一些不良分子，会制造一些有毒的食品，容易给学校带来极大的安全隐患，谢谢。

同学：上体育课的时候，不遵守纪律，就容易受伤了。

同学：在一些校园设施里面，在高处容易摔下来。

主持人：现在很多学校里面高空设施基本撤销了。

同学：有一些同学会高空抛物。

主持人：这是不道德的行为。

同学：学生课余时间追逐打闹。

主持人：这也是不安全的因素，特别是在楼梯人多的空间。

同学：爬楼梯。

同学：攀爬门窗。

主持人：你有没有爬过？

同学：没有。

同学：有人在同学行走的时候，故意把腿伸出来，让人摔跤。

主持人：不仅是不安全的因素，还是道德的问题。

带队老师：校园发生的事故，到室外上课，没有按照老师的要求去做，很容易造成一些事故。下课某一些同学喜欢动，追逐跑，也会出现，这两个可能性多一点。可能大的学生也会欺负小学生。

同学：学校下雨之后，路面很滑，就会摔掉门牙，还有可能把头都撞破。

同学：有一些不听老师的指挥，就容易造成事故。

同学：自然灾害，学生们自救能力差，造成伤害。

同学：有一些同学开始争吵，后来变成打架，下一步就进入医院了。

同学：有一些学生下课后到操场玩，就容易被昆虫咬。

同学：有一些小同学带小刀去学校玩。

主持人：有没有同学带小刀到学校里？铅笔刀，裁纸刀，剪刀。

同学：没有。

主持人：请问在家里有没有不安全的隐患呢？

同学：家中电器老化，容易出现安全事故。

主持人：下面请小市长邓尧。

邓尧：差不多每年有８万儿童因意外事故死亡。记得小时候，我独自一个人在家里，爸爸妈妈临走时总要藏好危险的东西，拔掉电源等等，做足了安全准备措施。有时候爸爸也会给我看一些安全之类的书。还有食品，有时候会卡住儿童喉咙，要特别注意。

如果家里有小朋友，可以在家里比较危险的地方，贴上便签，提醒小朋友要注意。如果能做到这一点，家就能变成舒适、幸福的家，也能成为安全的家。

同学：电器超负荷。

同学：在家里玩蜡烛。

主持人：在家里吃烛光晚餐，一不注意就会变成火灾。

同学：有小朋友用手来触摸电闸，容易导致触电。

同学：煤气中毒，在洗澡的时候，有一些人在浴室待的比较久一点。

主持人：这是因为煤气泄露，所以要检查家里面的设施是否安全。

同学：家里装修可燃物比较多。

主持人：有没有同学告诉我，当你一个人在家里，门铃响了，你怎么办？

同学：有一些较小的孩子，门铃响了就会开，那些小朋友不知道是谁，可能进来的是小偷、坏人。

主持人：当我们一个人在家里，电话响了，你想想有很多电话诈骗。曾经一个人在家里，自己有没有出现一些状况的？

同学：上个暑假，我自己在家里的时候，就是听到一群人在外面聊天，一会儿就来敲门，我不认识他们，就没有开门，说来抄水表，但是我看到门口贴的告示，说是第二天，所以我就没有开门了。

同学：我有一次在家里做吃的，忘记关火了，差不多把家烧了。

同学：我自己一个人在家里，电话响了，我一接听，就是没有人说话，但是电话后来一直在响，所以我拔掉电话线。

何贤访：以后遇到电话诈骗，要你猜他是谁，你就问他，是不是刘达强叔叔，要叫得亲切可爱一点，如果是熟人的话，就会说不是；如果骗子的话，就会说是了。提一个问题，如果你家现在发生火灾，你逃不出去怎么办？给你们一个选择，厨房、客厅、厕所、阳台，你们会选择哪里？

同学：厕所。

何贤访：今年3月份广东省惠州市发生一场火灾，有17个人死在厕所里，所以你们不要认为厕所是比较安全的地方。比如说客厅，因为客厅比较空旷，消防员来救你，一下子就可以找到你。第二，云梯上来，在阳台，消防员看到阳台和客厅没有人，消防员就会走了。如果你在厕所，即使你在喊救命，但是当时火势很大，他也可能听不到。这是一个消防知识，刚才这个问题，超过200个学生没有人能答对的。最近在深圳上一个课，踩踏事件，有很多深圳的学校教学生，如何才能在踩踏事件活下来，有学校教一个错的动作给学生，双膝跪在里面，双手抱头，这个动作是错的。其实你们有可能会学到错误的安全知识，这是一个非常危险的行为。

主持人：谢谢教官，下面进入另外一个议题。有关儿童的保护，你觉得自己在家里有发言权吗？请举手，有一半多。刚才说自己没有零花钱可以举手，11月20日，请你们告诉你们的家长，今天是：

同学：国际儿童日。

主持人：你们有生存的权利，也有发言的权利，所以有机会要告诉家长。

主持人：你认为家长打孩子是否侵犯儿童的权益？有一句话广东话叫"藤条焖猪肉"，有焖过的请举手。

同学：有被焖过。

主持人："藤条焖猪肉"，被焖过的感觉是什么？

同学：很痛。

主持人：最后想告诉爸爸妈妈什么话

同学：你们违反了《未成年人保护法》。

主持人：下次就告诉爸爸妈妈不要再"焖"我了，我会听话。

同学：孩子在犯错的时候，家长也在犯错，我觉得一些家长不会教育孩子。

同学：被打的时候，我爸爸就很生气，就算我做什么小动作，他都会打我。

主持人：你爸爸打你，你感觉怎么样？

同学：下次打轻一点。

同学：能不能下手快一点，你侵犯我的某种权利，这样的话，一些孩子会形成仇恨。

主持人：这个同学说的好，挨打了容易有仇恨。

同学：有被"焖"过。

主持人：什么感想？

同学：痛苦。

主持人：下次被"焖"的时候，跟爸爸说，我要请律师。

赵新悦：我是没有被"焖"过，《未成年人保护法》里第八条，父母或其他监护人应该履行对未成年人的监护职责和抚养义务，不得虐待、遗弃未成年人。第九条，父母或者其他监护人应该尊重未成年人接受教育的权利。家长打不打孩子，实际上也沾不上边，比如有一些家长把孩子关房间里面，说一句话，"打上清华，打上北大。"这个观念是不对的。我觉得讲道理是很有用的方法，讲道理比打要好多了。

主持人：你认为留守儿童最应该保护哪一些权利？

同学：保障留守儿童读书的权利，也就是受教育的权利。

同学：我认为留守儿童都应该得到心理关爱，学生需要减压，让他们感到集体的温暖。

同学：留守儿童应该有一个温暖的家。

同学：我认为留守儿童生活需要改善，有时间可以去他们家陪伴一下他们。

主持人：多关心，多陪伴。

同学：履行监护责任。

主持人：这是家长的责任。

同学：保护好自己。

同学：保障儿童亲子团聚。

主持人：就是增加一些机会，让留守儿童多团聚。

同学：被迫离开父母，在当地读书的儿童，我觉得这些儿童应该得到学校的关怀，让小朋友不再孤独。

主持人：进入下一个环节，我们经常说妇女儿童特别需要保护？

同学：我认为他们应该受到保护，因为妇女儿童都是弱者，都是弱势群体，妇女应该受到保护，尤其是在哺乳期。有一些公司只招男的，不招女的，所以她们就更需要保护。

主持人：有一些企业不愿意招聘女工。

赵新悦：根据我们平时所学到的知识，女性在心理和生理都弱于男性，而且儿童是国家民族的希望，为此国家也出台了《中华人民共和国权益保护法》和《中华人民共和国未成年人保护法》，这些举措都可以看出妇女儿童都需要保护。

同学：因为妇女和儿童容易受到伤害，我们关心得还不够，还要不断去增强广度和深度。

同学：妇女儿童都是弱势群体，他们的权益经常收到侵犯，所以需要特别的保护。比如一些儿童经常受到一些坏人的诈骗。

同学：妇女儿童应受到特殊的保护，在个别家庭里面，爸爸会打妈妈，有个别的家庭对妇女有一些歧视。

主持人：有谁的妈妈在家里掌控一切？是一把手的？请举手，哇，这么多。妇联主席你们的工作做得很好。你说一下你妈妈怎么在家里掌控一切？

同学：学费都是我妈妈来交。

主持人：最后一个问题，也是跟我们息息相关，在家里、学校如何才能学到更多的安全知识，你们有更好的建议吗？

同学：学校可以组织看一些有关安全的节目。

同学：老师讲一些安全的知识，在家里也看一些有关安全的书。

同学：在家里可以和家长找一些安全隐患的地方。

赵新悦：刚才同学们都提出自己的意见，我建议，乡村儿童，他们的父母文化水平相对比较低，所以我觉得学校多组织小主人这样的活动，邀请学生和家长一起参与，或者请教官普及一些安全知识。第二，学校通过书信、家长会，发放安全手册，增强学生的自救能力。第三，学校组织学生观看安全的影片。现在科技教育安全知识普及，在家里，我们可以跟家长一起关心时政，做一些安全教育普及活动，上面有一些关于安全知识回答，真正实现家校合一。

同学：观看安全教育的电视节目。

同学：请一些专家进行讲座和游戏。

主持人：由于时间的关系，今天的讨论结束了，下面请出李旸律师为我们进行小结，掌声欢迎。

李旸：通过这一次论坛，我真是脑洞大开，小朋友的想法天马行空。一个是权益的认识，让我们明白到这个世界上面，还有上学的权利，有表达的机会，也有玩的权利，认识到这些权利，希望同学们珍惜这些权利，掌握安全保护的知识。学法、懂法、用法，只要依法行使保护自己的合法权利，才能更好的生存，这就是我们这次活动背后最大的价值，谢谢大家。

主持人：谢谢律师，今天的活动告一段落，下面请出三个学校各派三位同学代表上台领奖。请出刘武、石丽芳为他们颁奖。这是一本有关安全知识的书，大家回去慢慢看，每个同学都有。现在请大家合照，谢谢有关领导和嘉宾。现在宣布第28期小主人论坛活动圆满结束，谢谢各位的参与，谢谢台前幕后的有关工作人员，我们下一次活动再见！

领导、嘉宾与学生代表合照

"小主人论坛" 活动一览表

期 数	"小主人论坛" 主题	时 间
第一期	《"减负"大家谈》	2000.4.15
第二期	《"六·一节"我想说》	2000.5.27
第三期	《我心目中的老师》	2000.9.9
第四期	《父母下岗后你是如何对待的？》	2002.4.14
第五期	《"小公民"道德教育》	2002.6.16
第六期	《建设"诚信广州"大家谈》	2003.10.26
第七期	《儿童的权利与保护》	2004.6.19
第八期	《沟通从心灵开始》	2004.11.14
第九期	《课本回收循环再使用你支持吗？》	2005.11.12
第十期	《禁止燃放烟花爆竹你支持吗？》	2006.4.1
第十一期	《我心目中的和谐社会、和谐家庭》	2006.12.16
第十二期	《快乐暑假大家谈》	2007.6.17
第十三期	《应对考试大家谈》	2007.12.8
第十四期	《繁体字进入小学好吗？》	2008.4.20
第十五期	《取消评选"三好学生"你认为好不好？》	2008.11.9
第十六期	《第七届羊城"小市长"与你面对面》	2009.6.7
第十七期	《文明有礼迎亚运》	2010.9.12
第十八期	《怎样过一个文明的暑假——"小市长"倡议每天快乐多一点》	2011.7.3
第十九期	《做个环保小卫士》	2011.9.24
第二十期	《"小悦悦事件"给我们的启示》	2011.11.13
第二十一期	《学习雷锋精神、参与志愿服务》	2012.3.10
第二十二期	《"道德讲堂"——奥运冠军报告会》	2012.9.23
第二十三期	《垃圾分类大家谈》	2012.12.16
第二十四期	《小学生减负大家谈》	2013.9.15
第二十五期	《压岁钱去哪里了？》	2014 .3.2
第二十六期	《践行社会主义核心价值观之文明大家谈》	2014 .10.19
第二十七期	《小学生需要怎样的财商教育》	2015.9.26
第二十八期	《乡村儿童的安全与保护》	2015.11.18

贴近儿童生活 倾听孩子心声

——小主人论坛活动创新理念的思考

陈小雄

附录 ：

广州市儿童活动中心与《岭南少年报》合作，从 2000 年 4 月份开始不定期地举办"小主人论坛"的品牌活动，在社会上和广州少年儿童中引起强烈的反响。小主人论坛是我们有针对性地开展的未成年人思想道德教育的一个品牌，通过这个平台，提供给广大少年儿童发表意见和建议的地方，以及成年人倾听孩子们心声的机会，达到了解和沟通的目的。通过主办小主人论坛这种专题公益活动，我们在现代教育和社会发展背景下的少年儿童校外主题教育活动的理念得到创新，形成了校内外教育互补优势以及达成了只有校内外教育相结合才能更好地促进学生成长的共识。

一、设计主题 引起共鸣

社会在不断变化，人的思想也在不断变化，在社会热点面前，在对未成年人进行思想道德教育之际如何寻找少年儿童感兴趣和关心又能贴近孩子们生活的话题，这的确颇费心思。每期小主人论坛活动开始之前，我们都广泛征询学校负责人、学生代表及部分家长的意见，设计出既符合教育活动的要求又适合少年儿童身心成长需要的话题，这样才能引起孩子们的共鸣，达到主题教育活动的目的。

比如，2002 年 4 月，我们举办第四期小主人论坛活动——父母下岗了你怎么办？有人认为广州是改革开放的前沿阵地，经济较为发达，下岗不应成为一个问题。但实际情况是随着经济转型，广州也有许多下岗工人，尤其是中低收入者群体。我们设计出的话题，在孩子们的心中立刻引起很大震动。在讨论过程中，孩子们纷纷表示要多关心下了岗的爸爸、妈妈，在家里多做家务，为家长分忧。这一期论坛结束后，

《岭南少年报》用整版的篇幅进行报道，该报道文章还获得了 2002 年度广州新闻评选三等奖。

新闻媒体的介入和关注，也证明了我们设计活动主题的新颖，能够引起社会各界共鸣，说明我们主题活动主办的成功。

二、大胆发言　发表意见

小主人论坛活动原本就是激励小学生们大胆投入，积极发言。主持人在活动过程中设计的举手发言的平台，就是让孩子们得到更多提出问题的机会，施展他们的答辩才能。尽管孩子们的发言有时显得那样幼稚和单纯，但这正是他们发自内心的真实经验和体会，在孩子们的童真面前更反衬出成年人所谓的成熟是那样苍白、无力。

比如，2007 年暑期前夕，我们组织了一期小主人论坛活动，主题是：快乐暑期大家谈。首先，我们有一个美好愿望，暑假对于孩子们来说应该是快乐的，但据现场进行的调查却令我们大跌眼镜，不少同学觉得暑假并不快乐，原因当然有很多，但最主要的理由是家长让其参加各种补习班。在本期论坛中孩子们还互相提出一些从他们的角度去思考的问题：暑期不需父母陪同，上网看电视怎样管束自己。暑期上不上"班"谁说了算？一个人的暑期会孤独吗……当然，还有不少同学表示，他们的暑假是快乐的，他们利用假期去旅游、去交友、去放松，在玩中学，在假期中得到了锻炼。

小主人论坛不仅让孩子们充分发表意见，还培养了小学生们爱思考的习惯，关心社会事，关心身边人，关注环保，关注民生。据一些老师和家长反映，平时有些不够大胆举手发言的同学，通过小主人论坛活动都学会大胆地举手发言，也开始学会思考问题、自己动手解决问题。此外论坛活动还培养了孩子们的语言组织和口才表达能力。

三、广泛沟通　互相理解

每期小主人论坛活动，我们既在大的主题内容上进行创新设计，又在小问题设置上列举一些少年儿童在日常学习生活中经常会出现的现象，让小学生自己去点评、去分析、去讨论。有的论坛我们还采取辩论会的形式，正反双方激烈辩论，唇枪舌剑，无论同意还是反对，大家都各抒己见，言之有物。正所谓：真理不辩不明。通过新颖的形式，会场气氛紧张热烈，台上台下融洽交流，形成一种新的教育模式，达到我们需要的社会效果。

每次小主人论坛活动，孩子们当然是小主人，但同时我们也邀请小部分的家长和老师现场参与，让大人们都来听听孩子们的心声。

比如，有一期论坛主题是如何应对考试的问题，许多孩子自然地说到考试之前，老师和家长对自己期望值过高，考 98 分还不满意，非要 100 分，令自己压力增大。孩子们中肯的发言也让主持人把类似的问题交给家长们来回应，让家长们和孩子们在一个平台里说出心里话和希望，场面很感人，意见很中肯。活动结束后，一些家长找到我们表示，作为校外教育机构，就应该多举办这样的公益性主题教育活动，让孩子们和家长在一起交流、沟通，从而达到互相理解的目的。

最近几年，我们先后举办了"小公民道德教育大家谈"、"儿童的权利与保护"、"沟通从心灵开始"、"课本循环使用你支持吗？"、"建设诚信广州大家谈"、"禁止燃放烟花爆竹你支持吗？"等多场小主人论坛活动，均取得了良好的社会效果。

通过几年来主办小主人论坛活动，让我们深深感受到，孩子们不喜欢那些说教式的教育、成人化的教育、居高临下的教育……他们的事应该由他们自己做主，我们所做的一切只是服务和引导。

在儿童校外教育阵地中，综合素质教育和主题教育活动是主要内容，如何找准主题教育活动切入点和符合少年儿童心理需求是我们值得深思的问题。

尽管我们的小主人论坛活动已形成品牌，但对照科学发展观的要求还存在不足，还要求我们不断探讨和创新开发更加符合儿童身心健康的活动项目，让孩子们在校外教育阵地中真正体现成长教育功能和乐趣。

二〇〇八年四月二日

（该文获得 2008 年全国"双有"活动论文评选一等奖）

后 记

    《小主人论坛品牌活动的探索与研究》终于与读者见面了。笔者主编这本书是从 2015 年 8 月开始，搜集资料、整理图片、谋篇布局、邀请嘉宾、撰写内容、文字修改也前前后后花了一年多的业余时间。

    刚开始接到主编这本书的任务时还觉得自己比较熟悉，意气风发。但是随着写作的深入，一股"书到用时方恨少"的感觉涌上心头。感觉自己大局意识、理论水平、教育实践、文字功夫都存在一定差距。但是又不可能换人，只好硬着头皮继续写下去。虽说不上历尽艰辛、呕心沥血，但也算认真负责，绞尽脑汁。最后终于光荣而又艰巨地完成了主编这本书的任务。

    主编完这本书，最大的感受是：个人干不过团队，团队干不过系统，系统干不过平台，平台干不过趋势。我想，我们的校外教育机构应该搭建一个合作新平台，顺应教育潮流大趋势。一起开发、一起奋斗、交流信息、资源共享。一群人，一辈子，一个梦，一起走！

    感谢市妇联、教育局的帮助、支持，感谢各中小学校每期小主人论坛活动都派出精干学生参与，感谢有关专家、嘉宾的悉心指导，感谢媒体朋友的广泛宣传和鼎力相助。

    感谢广州市儿童活动中心古方主任，严兰云、彭桑子副主任，时事评论员司马春秋的大力支持；感谢吴维娟、郑瑛、梁慕枝、于莉、李旻罡等同事的关心和帮助。

尤其感谢黄佩婵同事，在本书的前期准备、资料搜集、图片选择、文字打印、文稿编排等各方面都给予了极大的帮忙和无私的贡献。

　　感谢禧羽传媒设计公司杨胜越，世界图书出版社陈铭港主任及华进老师在本书的出版、编辑、设计、排版、校对、发行等多方面给予的配合。特别感谢编辑卢雁君付出的辛勤劳动和大力帮助！

　　感谢我的家人在背后的默默支持和鼓励，以及陈亮给予部分文稿的修改意见。

　　笔者才疏学浅，水平有限，在主编本书时还有很多不尽如人意的地方，有些资料、图片又因时间久远未能与读者见面。最后，恳请各界朋友，各位方家，各位读者批评指正！请把宝贵意见或建议寄到童心路一号广州市儿童活动中心活动部收。

　　深表谢忱！

陈小雄

2016 年 10 月 14 日于广州